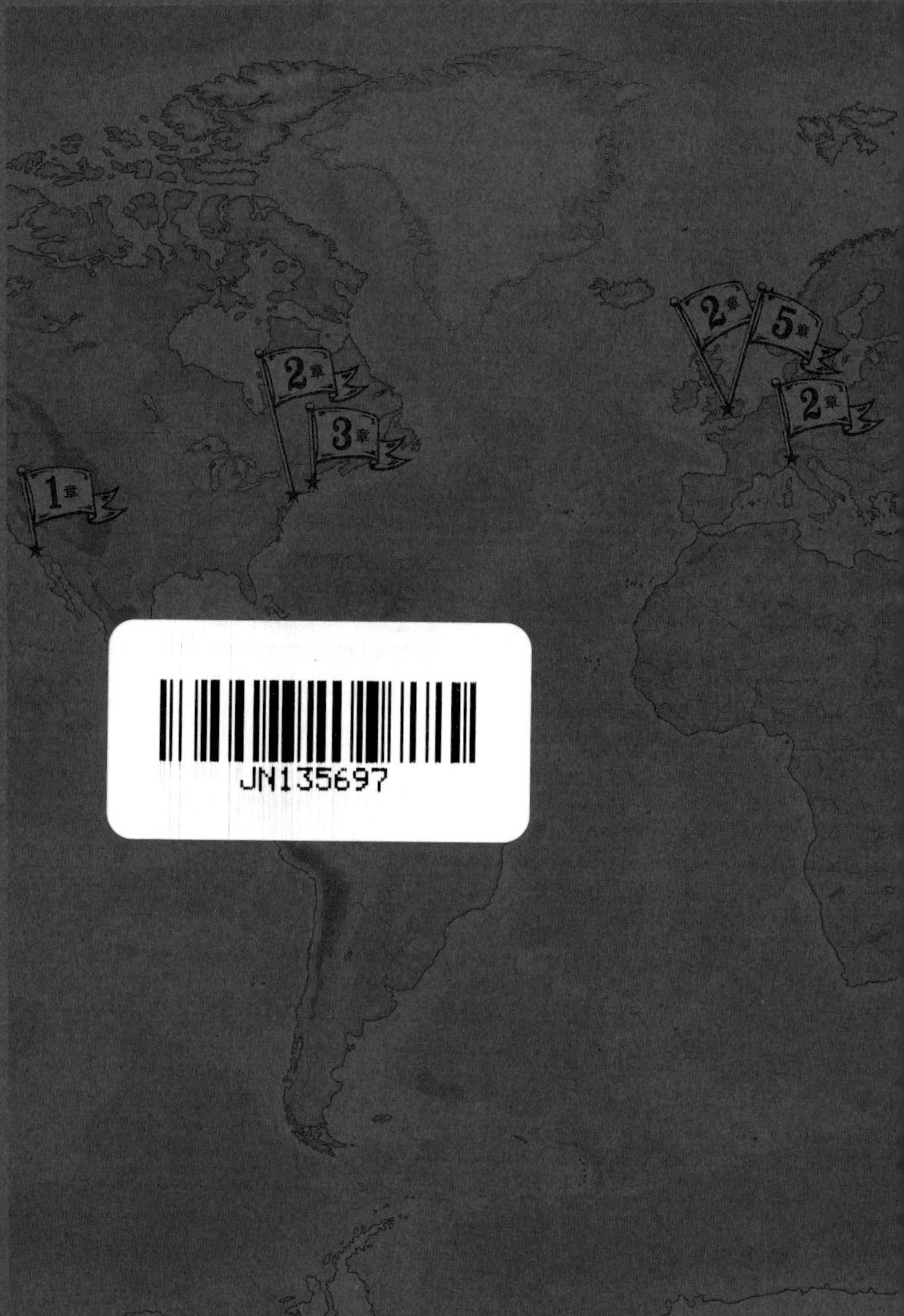

JN135697

「異文化接触」を再考する

他者との邂逅は何をもたらすのか

和田郁子
小石かつら 編

昭和堂

他者との邂逅は何をもたらすのか——「異文化接触」を再考する

目次

はじめに――他者を感じる邂逅
「異文化」へのまなざし――なぜ異なって見えるのか　1
描かれた「異文化」の接触――『アズールとアスマール』　4
〝邂逅〟をキーワードに他者との境界を考える　12

1　時を超えて出会いは再び訪れる　ジェニファー　コーツ
――李香蘭／山口淑子／シャーリー・ヤマグチ
はじめに――「山口淑子」とは何者か　18
スター・ペルソナを考える　19
「親日的な中国人女優」としての李香蘭／山口淑子　22
敗戦後の「山口淑子」と「シャーリー・ヤマグチ」　28
スター・ペルソナとナショナル・アイデンティティ　33
テレビ、そして政治の世界へ　37
山口に関する記憶の「継承」　40
おわりに　44

コラム1　海外における日本映画をめぐるさまざまな「出会い」　48
ジェニファー　コーツ

2《蝶々夫人》と「わたしたち」　小石かつら
——すれ違う自己投影イメージ

長崎を舞台にしたイタリア・オペラ《蝶々夫人》　52
《蝶々夫人》作曲の背景　54
報道される《蝶々夫人》　56
三浦環のスキャンダル報道と《蝶々夫人》　58
シカゴからの報告——文化の狭間の違和感　63
政治的背景と自己主張——大正から昭和へ　66
近衛秀麿によるハリウッド映画《マダム バタフライ》の改訂計画　69
日本人による「正しさ」の希求　72
浅利慶太演出によるミラノ・スカラ座公演　76
わたしたちが属する集団、そして自己投影イメージのすれちがい　81

コラム2　お寺と鳥居――日本近世・近代における「神道」の成立と「宗教」　86
置田清和

3　連鎖する邂逅
――海を渡る商人とストーン・タウンの古びた邸宅――
鈴木英明

はじめに――ストーン・タウンを歩く　92
人びとをつなぐ海――インド洋西海域世界　95
海への脱出――天災と政変　101
ブー・サイード朝為政者との協力関係　105
「港の借地人及び港の長」あるいは「税関の王」　107
ウォーターズへの接近　110
故郷との絆　114
おわりに――連鎖する邂逅　117

4　移民は〈自己〉をどう語るか
――タイにおける雲南系ムスリムの女性たち――
王　柳蘭

はじめに――チェンマイに現れたハラール・ストリート　124
異郷へ――移住への道　130
強いられた越境――中国国共内戦の影響　132
多様化するムスリム・コミュニティ――改宗女性の存在　133
結婚と改宗――女性たちの語りに基づく事例紹介　136
パンロン人ディアスポラのはじまり　141
離散後のパンロン人の帰属意識　143
共同体への奉仕――帰属意識の表れとしての宗教実践　151
おわりに――女性たちの邂逅から移民社会をよみとく　154

コラム3　イスラームと漢語の邂逅――「回回」の変容　158　中西竜也

5　異郷の隣人か信仰の敵か
――草創期のマドラスにおける「ポルトガル人」
和田郁子

はじめに――ジョージタウンのカトリック聖堂　164
砂浜《ビーチ》に現れた町――聖ジョージ要塞とマドラスの建設　167

サントメの「ポルトガル人」との邂逅　171
クリスチャン・タウンの「ポルトガル人」　176
不信と警戒――ロンドンの視点　179
「ポルトガル人」女性との生活――その子は誰のもの？　182
代案としての現地女性　186
変化する基準　188
おわりに――「異文化」はどこにあるのか　191

おわりに　198

あとがき　202

はじめに――他者を感じる邂逅

「異文化」へのまなざし――なぜ異なって見えるのか

「異文化理解」や「多文化共生」という言葉が大はやりである。新聞を開けば、地域面には「異文化理解講座」の受講生募集が、論説面には異なる人びととの共生の大切さを説く記事が掲載されているのをしばしば目にする。多くの自治体では「多文化共生のまちづくり」と銘打ってさまざまな事業が行われている。大学でも、「異文化コミュニケーション」を標榜する授業がいくつも開講され、いわゆる国際系の学部・学科の設置数も増え続けている。それぞれの記事や事業の紹介、授業や講座の案内などは一様に、異なる人びとが互いに違いを認め合い、尊重し合うことが大切だと訴えている。

「異文化」への理解を醸成しようとするこれらの動きが近年とみに目立ってきた背景には、経済と社会のグローバル化によって異なる人びととの接触が増えるため、「異文化」への理解を深めることが必要だ、という主張の広まりがある。このような主張に基づき、異なる人びとどうしの相互理解を探求する立場から、国や地域の枠組みを越えて協力を進めようとする活動は、実際に、国内のみにとどまらず世界各地で行われている。

その一方で、「異文化」との接触が増えれば摩擦や衝突を生み出すことは避けられない、だから異なる人びとを排除しよう、というまったく正反対の見方も根強くある。異なるものへの不信、不安や敵意は、現実に紛争や内乱のような激しい衝突が生じている国々は言うにおよばず、それまで異なる人びとがそれなりにうまく共生していると考えられていた地域にまで影響をおよぼし、共生を前提とした従来の社会のあり方に対して疑念を持つ人びとを増加させているように見える。

二〇一六年の一年間を振り返っただけでも、そのような排除の動きが世界各地で広まりつつあることを示す現象がいくつも観察された。なかでも、六月のイギリスの欧州連合（EU）離脱を決めた国民投票（いわゆるBrexit）と、一一月に行われたアメリカ合衆国の大統領選におけるドナルド・トランプ氏の当選は象徴的である。イギリスはそれまでも多くのEU加盟国とは異なり、域内での出入国審査を廃止したシェンゲン協定に参加せず、独自通貨ポンドを維持してEUの共通通貨であるユーロも採用しない独自路線を取っていた。それでもなお、この国民投票においてEU離脱という結果が出た背景には、とりわけ東欧諸国が相次いでEUに加盟して以来、安い賃金でも働く多数の移民が到来し、社会保障費を圧迫し職も奪っていくという不満が低所得者層を中心に広まっていたことがあると言われている。また、アメリカの大統領選では、共和党の大統領候補トランプ氏が、移民の排斥やムスリム（イスラーム教徒）への差別、女性蔑視を示すセンセーショナルな発言を繰り返し、そのたびに内外の主要メディアから批判・非難され、ハリウッドの俳優や人気歌手などを含む有名人からも不支持を表明されてきたにもかかわらず、選挙で勝利し、次期大統領の座を射止めた。「異文化」を認めず、異なる人びとを排除しようとする動きが、今や、安定していると思われていた大国の社会さえも揺るがし、既存の秩序に挑戦しようとしていることを、これらの出来事は示しているようである。

「異文化」への理解の深化が必要とする見方と「異文化」の排除を求める見方。今日の世界は、この二つの相反する主張の間で揺れている。しかも、両者の隔たりは大きく、歩み寄りもなかなか難しいように見える。

なるほど、この二つの見方は一見、真っ向から対立するもののようである。ところが、視点を少し引いて、両者が寄って立つ世界観に目を向けると、実のところ、人間が文化や民族や宗教などによって明らかに「異なる」ものに分けられる、ということを前提としている点で、両者は共通しているということが見えてくる。このように述べると、いや、そもそも世界には現に異なる人びとが集団として存在する（存在してきた）ではないか、そんなことは当たり前だ、という反論が聞こえてきそうである。実際に、現代においては、世界にはさまざまな異なる文化や民族や宗教が存在し、人びとはそのどれかに属している、という考え方が世界観の常識として根付いているように思われる。

しかし、もし今日の世界を揺るがしている問題の対立軸が「異なる」人びとや文化との関係性をどう構築するかということにあり、しかもその問題の解決がきわめて困難であるようだというならば、その対立軸が載っている土俵から改めて考え直してみることもあながち無駄とは言えまい。その土俵とは、人間を「異なる」集団に分けて把握する、という世界の捉え方そのものである。

描かれた「異文化」の接触——『アズールとアスマール』

世界の捉え方を考え直すといっても、話が大きすぎてよくわからない、常識から見直すなんて難しい、と思われるかもしれない。ここで少し視点を変えて、ある映画を題材に、別の角度からこの問題を考えてみよう。

もし、個人や集団にとって、従来慣れ親しんできたものとは違う風俗・習慣・言語・思想・文物その他諸々のものを「異文化」という言葉で表現するならば、そのような「異文化」との出あい自体は、はるか昔から人びとが折に触れ意識してきた現象である。人間が社会生活を送るなかで経験するこれらの「異なる」ものとの接触は、非日常の出来事、特別な事柄、あるいは変わった事件として記憶されたり記録されたりして、他の人びとや後の世代にも伝わることが多い。その記憶や記録は時事情報や歴史として語られる一方、幾多の文学や映画の主題として取り上げられてきた。文学で言えば、キプリング『少年キム』、トルストイ『カフカースのとりこ』、また日本の作家による作品としては、中島敦『南洋通信』などが有名だろう。映画も数多く作られている。日本でも公開された比較的最近のものに限っても、サッカーに情熱を燃やすロンドン近郊のインド系少女の物語である『ベッカムに恋して』(二〇〇二年イギリス)、明治初頭の日本を舞台にアメリカ軍人と武士たちとの交わりを描いた『ラストサムライ』(二〇〇三年アメリカ)、厳格なイスラーム体制の下にあるイランにおいてロックやラップ、ヘヴィメタルなどの音楽を愛する若者たちを描いた『ペルシャ猫を誰も知らない』(二〇〇九年イラン)、アルジェリア独立戦争を背景に書かれたカミュの短編に基づく『涙するまで、生きる』(二〇一四年フランス)など、いくつも挙げられるほどである。もちろん、同様のモチーフは異星人や異世界との接触を描いたSF作品(映画としては、『E.T.』(一九八二年アメリカ)、『アバター』(二〇〇九年アメリカ・イギリス)など)にもしばしば見られるし、妖精や小人のような、人間ではない存在が登場するファンタジー作品についても同じことが言える。

広い意味での「異文化」の接触は、このように多くの文学や映画のなかで描かれてきたわけだが、こうした作品が受容され評価されるには、制作者と読者や観客との間で「ある前提」が共有されている必要がある。それが上述の世界観、つまり人間を「異なる」集団に分けて把握するという世界の捉え方であり、文化が実在する単位として認識されるという見方である。世界は複数の文化に分けられ、個人や集団はそのいずれかの文化に属するものであり、さらにそれぞれの文化と文化の間には容易に越えられない壁があるという考え方である。この前提があるからこそ、「異文化」の人びととの心の交流というストーリーは、越えがたい壁を越える――あるいは越えようとする――例外的な人びとの魅力的な物語として描かれ、受け入れられてきたと言える。

このような「異文化」の接触を主題とする作品の一例として、ここではミッシェル・オスロ監督の『アズールとアスマール』（二〇〇六年フランス）というアニメーション映画について見てみよう。この作品の日本での上映館は多くなかったが、三鷹の森ジブリ美術館の配給で公開され、ＤＶＤも発売されたので、見たことのある方もいるかもしれない。そのあらすじは大体次のようなものである。

物語は中世ヨーロッパ（おそらくフランス）のある領主の館に始まる。主人公アズールは領主の息子で金髪碧眼の少年である。母はいないが、海の向こうから来た乳母ジェナヌの豊かな愛情を受けて、ジェナヌの息子アスマールとまるで兄弟のようにして育った。幸せな幼少期が過ぎると、アズールは父の教育方針にしたがい、剣術や乗馬、ダンスを習わされる。やがてアズールが寄宿学校に入れられることになり、領主はジェナヌとアスマールを屋敷から追い出してしまう。時は経ち、成長したアズールは、子どもの頃にジェナヌが歌ってくれた子守歌が忘れられず、そこで唄われる「ジンの妖精」を救う冒険に出るため海を渡る。たどり着いた北アフリカのどこかと思しき国で、アズールはジェナヌとアスマールに再会する。アスマールもまたアズールと同じ冒険に挑み、二人は道中を競い合いながら進むことになる。子どものころに領主から受けた冷たい仕打ちなどのためヨーロッパ人を嫌うアスマールは、再会したアズールにも冷たく当たるが、冒険の旅路で競い合ううちに、やがて二人は再び心を通わせるようになる——。

映画『アズールとアスマール』のシーンより

© 2006 Nord-Ouest Production - Mac Guff Ligne - Studio O - France 3 Cinéma - Rhône-Alpes Cinéma - Artémis Production - Zahorimédia - Intuitions Films - Lucky Red

『アズールとアスマール』は3DCGの美しい映像と、中東の要素が取り入れられた、レバノン出身のガブリエル・ヤレドによる音楽に彩られた作品で、フランスでは高く評価されたと聞く（二〇〇七年のセザール賞では映画音楽賞にノミネートされている）。確かに、国内に多数のムスリム人口（旧植民地の北アフリカ諸国からの移住者を多く含む）を抱え、長らく彼らとの共生を大きな課題としてきたフランスにおいて、ヨーロッパを象徴するような金髪碧眼のアズールと、北アフリカのムスリムをイメージしているような褐色の肌に黒い瞳のジェナヌとその子アスマールの物語は、少なくとも公開当時の多くの人びとにとって、魅力的なものに思われたに違いない。日本の映画評論においても、『アズールとアスマール』は「多文化共生」の理想を描いた物語として概ね好意的に評価されている。

ここでこの作品を取り上げたのは、上述の現代の〝常識〟としての世界の捉え方がきわめてわかりやすい形で提示されているからである。そのことは、日本語版の監修・翻訳・演出を行った映画監督の高畑勲が公式サイトでこの作品の主眼について述べている言葉からもわかる。

> それは、異なった人種や民族、文化圏などの間にある反目や偏見を取り除き、人びとが相互理解と融和に向かうための基盤づくりに役立つことを、とびきり美しく面白く語ろう、という狙いです。…（中略）…。そして作品の中にふんだんに「対比」を仕掛けました。
>
> 〔映画『アズールとアスマール』公式サイト〕

ここで述べられているように、この作品に登場するさまざまな仕掛けは、まず「ヨーロッパ」

と「イスラーム世界」を対比し、両者の違いを強調する役割を果たしている。それは登場人物の服装、言葉、アズールが受ける教育の内容、景色の描写など多岐にわたり、それらが実に多くの場面に散りばめられている。物語のなかに、現代のいわゆる西洋先進国におけるステレオタイプを超えた描き方（例えば、かつてアズールの父に蔑まれていた乳母ジェナヌと父なし子のアスマールが、後に故郷の国ではそれぞれ女大商人と貴公子として登場すること）や、一般にはあまり知られていない歴史的事象（例えば、ヨーロッパで迫害されたユダヤ人学者がイスラーム王朝下では賢者として遇され得たこと）などが織り込まれている点は、興味深いところである。とはいえ、これらも含めて「ヨーロッパ」と「イスラーム世界」の二つの文化や民族の違いが強調されていることには変わりがない。そもそも、この作品の題名自体が、フランス語の文語で「空や海の青い色」を示すazurと、アラビア語で「茶色」を意味するasmarの対比――おそらくはアズールとアスマールの外見の違いによる人種の対比――なのである。

『アズールとアスマール』で描かれるような、「異なる」人びとが誤解や混乱や対立を乗り越えて、互いを理解し尊重しあう関係を目指すことが、今日ひとつの理想として多くの人びとの共感を得ていることは確かである。この物語が描く理想を理解するには、アズールを「ヨーロッパ／キリスト教世界」の代表、アスマールを「イスラーム世界」の代表として見る前提を、観客が制作者と共有していることが必要になる。作品中では、キリスト教もイスラームも言葉によってそれと明示されてはいないにもかかわらず、それぞれの登場人物は明らかにこの二分法にしたがって分類されている。そして、観客はこの二つの「異文化」が容易には入り混じれない困難な関係にある、ということを予め踏まえたうえで、この映画を見るのだ。その結果、アズールとアスマールの物語は「異文化」の接触から心の交流が生まれる理想のお話として解釈されるのである。

制作者がこのように、ある文化や集団を代表する役割を登場人物に負わせるのは、観客に伝えたいメッセージをわかりやすくするための手法のひとつであろう。この手法に則れば、ジェナヌにもらったターバンを身に着け「ジンの妖精」を探しにいくアズールは「異文化」を理解するヨーロッパ人、ジェナヌを蔑み追い出すアズールの父（領主）は人種差別的なヨーロッパ人をそれぞれ表象することになる。ハンサムで魅力的な主人公アズールと、教条的で冷たい表情の領主は対照的で、どちらがより好ましいかを観客が直感的に感じ取れるように描かれている。とはいえ、他方で、この二人が同時に登場する物語が成立しているということ自体が、彼らが象徴する二つの立場が同じ世界観を前提としていることを示している。両者の立場の違いはあくまでも、人間が「異なる」集団に分けられることを前提として、そのうえで理解と共存の実現を目指すのか、それとも差別と排除へと突き進むのかの違いである。

しかし、このように人間を所与の「異なる」集団に分けて把握することができるとする考え方は、無批判に受け入れていいものなのだろうか。

『アズールとアスマール』は、高畑監督の言葉にもあるように、一般には「ヨーロッパ」と「イスラーム世界」の二項対立を前提とした物語として解釈される。しかし、冒険の旅に出るアズールとアスマールの衣装は、この対立が永久不変のものではないということを暗示している。このとき二人はどちらも白いターバンを身につけ、一方が青、もう一方が赤を基調とする色合いの違いを除けば、そっくり同じ形の衣装を着ているのである。いや、すでにそれまでの場面でも、アズールは剣術や乗馬の訓練で落ちこぼれ、ダンスのレッスンを見るからに厭々受けている。そんなアズールを、それでも「ヨーロッパ」の代表者と捉えてしまうのは、観客の側にある〝常識〟に基づく視点のためである。その〝常識〟をひとまず脇においてこの作品を見直せば、外見の違いはさておき、アズールとアスマールにはむしろ相似点の方が多く、対立の構図はアズールとその父である領主との間にこそ当てはまる。素直にこの構図にしたがえば、そもそもアズールとアスマールの間に決定的な境界はないのではなかろうか。

ここに、人間が「異なる」とはどういうことかを考える手がかりがある。登場人物を所与の集団の表象として見る見方から離れて、『アズールとアスマール』の物語を個人の話に還元してみよう。すると、そもそもアズールが海を渡るのは、幼少期に乳母ジェナヌから聞いた歌物語が忘れられなかったからだし、アスマールがアズールに心を開くのも、かつて共に暮らした日々の思い出と冒険の旅の途上での経験があってのことだということが見えてくる。彼らはどちらも、きわめて個人的な事情や経験から心を動かされたり行動したりする。それは、現実世界の私たちと同じである。本来、アズールの経験はあくまでもアズールだけのものである。海の向こうの国でのアズールの経験を「ヨーロッパ」と「イスラーム世界」という「異文化」の接触としてではなく、素直にアズールという個人とさまざまな人びととの出会いの物語として見る視点。先に述べた、文化や民族や宗教を単位とし、人はそのどれかに属するものとして捉える世界観の〝常識〟を考え直すには、このような視点が重要になるだろう。

〝邂逅〟をキーワードに他者との境界を考える

本書では、このような問題意識から、人が「異なる」とはどういうことかを問い直す。とくに、他者とのさまざまな出会いと、それによって引き起こされる諸々の変化――この一連の現象を本書では〝邂逅〟と位置づける――にかかわる具体的な事例から、この問題を考えていく。他者との出会いに注目するのは、それが「異なる」他者と自己をとりわけ強く認識させる局面にほかならないからである。人は、自分の知らない言語を話し、馴染みのない風俗・習慣をもった人びとに出会うとき、相手との間に違いを見出し、相手を「異なる」他者と感じると同時に、慣れ親しんだ人びとや文物に対する愛着を意識する。さらに、そのような出会いの諸相を観察・

分析する第三者も、両者が「異なる」という構図を所与のものとして受け止めがちである。「異文化」の接触という考え方が自然に受け入れられるのはそのためである。

以下の各章では、他者との邂逅に関するさまざまな事例を取り上げる。それぞれの事例は、一般には「異文化接触」として捉えられるものであろう。しかし、ここで扱う他者との邂逅は一過性の接触にはとどまらない。邂逅は継続的で双方向性の影響――必ずしも同時に起こるわけではないが、物理学でいう作用反作用のようなもの――を不可避的に伴っている。主体自身も、「異なる」他者との関係性も、出会った他者そのものも、その邂逅の過程で変わり続けるのである。その意味で、世界を静的に確固として存在し続けてきた複数の文化に分け、人びとをそのどれかに属するものとして分類する、従来の世界観に基づく「異文化接触」と、本書で見る邂逅とは違うものである。本書では、邂逅は出来上がった「異なる」ものと出会いではなく、出会った両者を継続的に変えながら新しい関係性をつくりあげていく契機である、という立場をとる。

このように動的に変化する相互の関係性という視点を取り入れてみると、他者との邂逅をめぐって立ちあらわれる差異もまた、その関係性の変化とともに変わっていくことに気づく。ここでとくに意識したいのは、この変わり続ける両者の境界を、観察者たる私たちが見過ごさないということである。本書において、敢えて事例から考察するのは、世界をまず国や地域に分けて色分けし、人間を民族や宗教などによって分類して捉えようとする、現代の〝常識〟を見直すには、改めて個別の事象に立ち返る必要があると考えるためである。出会った両者に何らかの作用反作用を及ぼし変化させる「異なる」人びとの邂逅は、「異なる」ことの枠組みや意味にも影響を与え得る。このことを意識するとき、「異なる」存在はどのように浮かび上がってくるのだろうか。

ここで本書の構成を簡単に紹介しておく。本書は全体として五つの章と三つのコラムによって構成される。まず冒頭の二つの章は、美学の視点から日本に関わる作品とその担い手たちについて扱う。第1章では、李香蘭の名で戦前から活躍した大映画女優、山口淑子について取り上げる。スター・ペルソナという概念をツールとして、彼女に投影されたイメージが同時代の国際情勢とも綯《な》い交《ま》ぜになって変容していく様子を分析し、一人の女性をめぐって浮かび上がる多彩なスター像を明らかにする。第2章は、日本におけるオペラ《蝶々夫人》の受容を主題とする。作品に本来埋め込まれている外部者の抱くイメージとしての「日本」像と、自身を「日本人」として意識する歌手や演出家や評論家のもつ「日本」像の非対称性から、ひとつの作品に投影される「文化」の複雑さについて論じる。

第3章以降は目を世界に転じ、人間の移動に伴って生じる他者との接触局面について、文化人類学と歴史学の立場から考える。第3章の舞台は、アフリカ大陸の東側に位置するザンジバル島である。インド北西部を故地とする商人と、アラビア半島オマーンに興った王朝の君主、そしてアメリカ東海岸出身の領事が一九世紀の海港都市ストーンタウンでさまざまな邂逅を経験した。この章では、それらがさらに次の邂逅へと連鎖する諸相をひもといていく。大海の波濤を越えたこれらの人びととは対照的に、第4章では、中国西南部の雲南地方から東南アジア大陸部へと陸上を移動した人びとが主役である。今日のタイ北部に集住する雲南系ムスリムのコミュニティが、実はその内部に多様な出自の女性たちを含むことに着目し、それらの女性たちの社会のなかでの位置づけと役割について分析する。とくに、移動に伴う他者との接触によって変容する移民社会において、「他者とは異なる自分たち」の集団としての自意識を醸成・継承しようとする人びとの暮らしについて紹介する。第5章は、一七〜一八世紀のインドの港町マドラスに焦点をおき、新しくここに町をつくろうとしていたイギリス東インド会社の人びとと、その町に周辺地域から移住した「ポルトガル人」との邂逅をよみとく。第4章が文化人類学のフィールド調査に基づくのに対し、この章では資史料の分析を基礎とする歴史学のアプローチを取るが、移動した先での他者との邂逅を経て意識される、集団としての自己像のあり方と女性の役割に注目する点で、この二つの章は共通する側面も持つ。

本書の各章は独立した論考として読むことも可能だが、同時に他の章やコラムと重なる主題や視点も持っている。そのため、本書の全体を通読することによって、それぞれの論考で紹介される多彩な事例に対する理解もより深まるだろう。本書に登場する人びとに関わる場所はまさに地球上の各地に散らばるが（本書見返し参照）、まずは足元の日本から説き起こし、第1章の主役である山口淑子をめぐるスター・ペルソナを見ていこう。

（和田郁子）

戦前の中国から香港、日本を経て、ハリウッドで活躍した稀代の女優、山口淑子。彼女はかつて名前と場所を変え、三人の別人として三度、「舞台」に登場した。その舞台は女優に留まらず諸方面にひろがり、華やかな彼女の活動は、そのひとつひとつが反射しあってキラキラと拡散した。今日なお、あらたな世界との出会いを続けるヤマグチヨシコは、「文化」となってどこへいくのか。

1　時を超えて出会いは再び訪れる

——李香蘭／山口淑子／シャーリー・ヤマグチ

ジェニファー　コーツ

はじめに――「山口淑子」とは何者か

山口淑子は、二〇世紀の日本で最も有名な女優の一人である。満州で活躍したキャリアの初期から平成二六年に亡くなるまで、山口は人びとの注目を浴び続けた。女優としての山口の人気は日本国内に留まらず、海外にも及んだ。アメリカで、占領下と戦後の中国で、山口は数かずの人気映画作品に出演した。銀幕を飛び出し、ラジオや劇場で歌い、新劇でも演じた。テレビの司会者としての活動を経て、女優の仕事を引退した後は、政治家に転身し、自由民主党の参議院議員を務めた。多方面にわたって活躍し、波瀾万丈の生活を送った山口の生涯は、まさにさまざまな邂逅に彩られていた。

本章では、激動する時代のなかで複雑なキャリアを歩んだ山口淑子にスポットライトをあてる。これまでの映画史研究では、満州映画協会によって作り上げられた、占領下の満州の「中国人」スター李香蘭としての山口がもっぱら注目され、詳しく分析されてきた。(1)しかし、李香蘭としてのキャリアは、山口の長い一生を語るうえで欠くことのできないものであるとはいえ、そのすべてではない。ここでは、山口のその後のキャリアと人生をも視野に入れる。時空を超えて人びとを魅了し続けるスター・山口淑子をめぐるさまざまな出会いはどのように生まれ、どのような影響を彼女に、そして彼女と出会った人々に与えたのだろうか。

戦後、彼女は女優として三つの名を使い分けた。日本の東宝撮影所では本名の山口淑子を使い、ハリウッドではシャーリー・ヤマグチと名乗り、香港では再び李香蘭の名で活躍した。山口のキャリアを追いながら、彼女のスター像がいかにして作り上げられてきたかを見ていくと、そのスター像がきわめてトランスナショナルなものであることや、彼女をめぐって国際的な出会いがいくつも見られたことに気づく。しかも興味深いことに、現代のアーティストたちの間では、山口の「国際的な」イメージを利用しようとする動きが見られる。山口のもつ複雑なペルソナは、作品や報道を介してスターと観客が出会いを重ねるなかで生み出されてきたものだが、その出会いは今も新たに繰り返されそのなかで彼女のペルソナもまた、変わり続けているのである。

スター・ペルソナを考える

近年、映画史の分野では、スター・ペルソナという概念が注目されている。ハリウッド映画の専門家リチャード・ダイヤによると、俳優のスター・ペルソナとは、映画に出演した際の印象だけではなく、たとえばテレビへの出演、インタビュー、雑誌などの出版物への露出や、批評家やコメンテーターにより報じられる「私生活」の様子など、その俳優をめぐるさまざまな事象を通して作りあげられるものと定義づけられている［Dyer 2004］。スター・ペルソナはこれらのさまざまな事柄から影響を受け、また新しい「ペルソナ（像）」の形成にも大きな影響を与える。

日本映画においても、その「黄金時代」まではハリウッドとよく似た撮影所体制（スタジオシステム）をとっていたことから、ダイヤの定義は、少なくとも当時の日本映画界にも概ね適用できるだろう。ただし、藤木秀朗によると、日本で映画が見られるようになった最初期のスター・ペルソナは、やや異なっていたとされる。無声映画の時代、俳優はスターとは見なされず、弁士が一番人気の存在であった［藤木 二〇〇七］。日本の観客はアメリカ人俳優と日本人俳優を分けて見ており、アメリカ人の映画俳優のスター・ペルソナは意識していた一方で、日本人の映画俳優のことは舞台俳優と同様に捉えていた。たとえば、日本の大衆は、アメリカ人の映画俳優には、彼らが演ずる登場人物と似ていることを期待したのに対して、日本人の映画俳優とその役柄とはとくに関係がないと思っていた。藤木は、大衆の考え方は昭和に入る頃から変化したこと、一九二〇年代までに、日本人の映画俳優たちは演じた役と自身とは違うということを映画雑誌などにおいて主張し始めていたことを指摘している［藤木 二〇〇七］。

戦後になると、スター・ペルソナの観念は（その用語自体は使われていなかったとはいえ）日本の批評家とファンの両者の間に定着した。昭和二三年八月の雑誌『キネマ旬報』で、批評家の飯田心美は「スター・ペルソナ」に相当する現象を検証している。飯田は、「スターの価値」に関する論考で、日本の撮影所の「スターシステム」には、「産業主義」と「営利」の視点からスターが必要であると述べ、さらに、効果的なスター像の生成には、スターの「生命」およびスターが「発見されること」が大切な要素であると論じている。スターは映像を通じて「憧れ」の存在となるのである〔飯田　一九四八〕。

山口の事例に立ち返ると、日本ではもちろん、中国およびアメリカでも、彼女は上述のような「憧れ」のスターになった。しかし、戦後の日本と香港における「山口淑子」というスターのペルソナは、それ以前の「李香蘭」のペルソナのイメージに影響され続けた。ハリウッドにおける「シャーリー・ヤマグチ」というペルソナは、アメリカの観客が抱く日本のイメージから大きな影響を受けていた。戦中の山口のペルソナは、戦後のそれに強い影響を及ぼした。山口の戦後のペルソナを分析する前に、次節では戦中の「李香蘭」のペルソナについて論じたい。映画の宣伝の分析を通して、李香蘭のペルソナがいかにして作り上げられてきたかを示すことを目指す。李香蘭というスターのペルソナの構成が解明されたなら、山口の戦後のペルソナの姿と存在意義が見えてくるはずである。

「親日的な中国人女優」としての李香蘭／山口淑子

映画史の分野では、これまで多くの研究者が山口の初期のキャリアに焦点を当ててきた。それは、山口が「李香蘭」の名前で満州映画協会（略称・満映）と契約し、活躍していた当時のことである。占領下の満州で満映によって作り上げられたのが、李香蘭というスターであった。山口淑子は、日本人の両親のもと、中華民国奉天省で生まれた。父親が親中的だったこともあって、山口は日本語と中国語、さらに英語も流暢に話すことができた。一九三三年には、父親の友人で親日軍閥の将軍であった李際春より「李香蘭」という中国名を授かった〔羽鳥二〇一五〕。そのため満映や東宝映画は、李香蘭を親日的な中国人女優として売り出したのである。このとき山口は李香蘭と名乗ることで「中国人」を演じることになったともいえる。満映製作の映画における李香蘭の役は、日本人と恋に落ちる中国人という設定であることが多かった。そこで描かれたのは両国の若者のロマンチックな出会いのイメージである。このイメージから、占領下の中国と日本の関係は、相思相愛の結婚のようなものだ、という理想像が作り出された。

李香蘭が初登場した映画は満映の『蜜月快車』（上野真嗣監督、一九三八年）である。翌年には、東宝・満映合作の『東遊記』（大谷俊夫監督、一九三九年）が大ヒットし、さらに東宝主導の『白蘭の歌』（渡辺邦男監督、一九三九年）へと続いた。では、これらの作品に始まる李香蘭時代のイメージはどのようにつくられたのだろうか。日本で一番人気のあった映画雑誌『キネマ旬報』に李が初めて登場するのは、昭和一四年一一月一日号である。「李香蘭」の名は、映画『東遊記』の宣伝ページ右上の見出しに大きく記されており、見開きの一ページ目には彼女の大きな写真が一枚、また次のページには比較的小さな写真が二枚掲載されている。その下に記された解説では、映画では日中両言語が使用されていることを述べている（「日・満両語」）〔『キネマ旬報』一九三九〕。また、日本と満州の両国で撮影されたことも強調されている。日本人の観客は、このような映画の宣伝を通じてつくられた想像上の満州人と結びつけられようとしていた。「日満両地映画観客の両者を、緊密に結びつけ、映画の有する強烈な感化両区を見て民族の神話にて［ママ］きたしかに作用している」〔『キネマ旬報』一九三九〕。そのような宣伝は観客が映画を見ながら、日満「一心」の

『白蘭の歌』に出演していた当時の李香蘭
（宣伝用スチール［個人蔵］より）

感覚を経験できると主張しているのである。ここに、観客と李香蘭のスター・ペルソナとの邂逅からもたらされた、情緒的な効果をよみとることができる。

李香蘭のペルソナでは感情的な部分が強調され、雑誌や映画の宣伝においては、スターと観客の関係がロマンチックな出会いとして構築された。さらに、李香蘭のペルソナと他のスターのペルソナの関係は常に感情的な関係として表現されていた。「大陸三部作」の宣伝と批評記事でも李のペルソナの情緒的な要素が主張されている。李は、日本の俳優長谷川一夫と「大陸三部作」（一九三九年の東宝映画・満洲映画協会の『白蘭の歌』、一九四〇年の東宝映画・華北電影公司『熱砂の誓ひ』、同じく一九四〇年の東宝の『支那の夜』）で共演した。一作目の『白蘭の歌』の宣伝と批評では、前年の『東旅記』の宣伝の言葉とイメージが再び使用された。『キネマ旬報』の昭和一四年一二月一一日号の「日本映画紹介」のコラムに『白蘭の歌』についての記述がある。そこでは、李香蘭演じる「親日家」の登場人物には「国境を超えた愛情」を感じると報じられており、批評家滋野辰彦は、李香蘭の演技は「巧み」で、「日本の女優さん顔まけのたい〔ママ〕だ」と述べている［滋野　一九三九］。つまり批評家たちは、「中国人／満州人の女優・李香蘭」が日本人の女優のように優秀であると評したのだ。占領下の中国人の女優が日本人のごとくふるまうことができるという李をめぐる言説を通じて、日本と占領下中国には類似点があるとし、そのことに読者の注意を促すことで、二国間の相違が隠蔽された。ここでは彼女の演技という

「作用」を受けて日本人の映画批評家が与えた「反作用」が、占領下の中国と日本における政治的な「作用反作用」を覆い隠しているのである。

李香蘭のペルソナに見られる「日本人を真似」ているというイメージは、映画のストーリーにも反映された。当時彼女が演じた役は、〝成功〟を収める女性として描かれるのが常である。

李香蘭は満映製作の映画で、長谷川一夫と何度も共演した。
（宣伝用スチール写真［個人蔵］より）

その〝成功〟とは、一人で寂しく苦労の多い生活を送っている貧しい中国人女性が、日本人俳優が演ずる男性に愛されることによって豊かになり、幸せになる、ということである。そればかりかそのヒロインは、日本人のような立ち居振る舞いと容姿も身につけた。たとえば、「大陸三部作」の三作目である『支那の夜』で、李香蘭が演じた「ケイラン」という登場人物は、はじめは日本の占領に反対する。しかし、長谷川一夫の演ずる登場人物と恋に落ちた後、ケイランは日本人女性のように変貌する。日本語を巧みに話し、日本の習慣や表現を理解できるようになるのである。『支那の夜』のみならず「大陸三部作」

はいずれも、恋愛関係が中国人を日本人化させるという作用を描いている。

戦時の映画のストーリーでは、李香蘭が演ずる中国人女性は生活上の成功を目指し、日本人になるために学習する。「李香蘭」のペルソナと山口淑子本人の人物像にはもちろん隔たりがある。しかし後年、山口は、自身が現実世界においても李香蘭の演じる登場人物と同じような経験をしたとふり返っている。日経新聞に連載された「私の履歴書」を単行本化した『李香蘭を生きて』のなかで、山口は、高校時代に中国人の名を使い、中国人のマナーを真似た、と述べているのだ［山口　二〇〇四］。当時、彼女は高校の同級生から中国人女性としての生き方を学んだという。ところが、満映会社に入社してからは、日本人女性のマナーを勉強しなければならなかった。興味深いことに、山口はこれを共演者の長谷川一夫から学んだと述べている。長谷川は女形の役を演じたことがあったので、山口に日本人女性の話し方とマナーを教えることができたのである。

戦時中の映画では、その宣伝においても、李香蘭と長谷川一夫の関係は常にロマンチックなイメージをもって描写された。『支那の夜』の宣伝が初めて『キネマ旬報』に掲載された際には、李と長谷川の間には「強烈な」関係があったと報じられている［『キネマ旬報』一九四〇］。李と長谷川の写真の下に「愛情に国境はなかったのです！」と記した上で、「二人大《［ママ］》スターの纏綿たるコンビネーションによって限りなく魅了するのです。愛よる《［ママ］》二つの心に燃ゆる情炎の歌」［『キネマ旬報』一九四〇］。

この宣伝の中では、李は「熱血の支那人」という登場人物を演じるると述べられるのみならず「哀愁」と「情烈」という言葉が繰り返されている［『キネマ旬報』一九四〇］。メディアでこのような表現が頻出したため、映画のなかでの長谷川とのロマンチックな関係とも連動して、李のイメージは情熱的なものになった。それは同時に、長谷川が演じた人物の理知的なイメージとは対照的な、非論理的なイメージを彼女に与えた。李と長谷川の関係は、帝国日本が想定する日本と中国の関係が投影されたものであった。

帝国日本が抱いた当時の中国のイメージは、「日本よりも遅れた発展途上にある国」であった［Standish 2000］。李香蘭はスターであったが、満州人としてそのような通念を反映したイメージを与えられていた。「大陸三部作」の映画のストーリーにおいて、李の登場人物は長谷川に劣るかのように、低く位置づけられている。たとえば、『白蘭の歌』の宣伝用ポスターで、二人の画像は同じサイズだが、李は下の方に座っており、李の名前は長谷川より小さく表記されている。また、「大陸三部作」の宣伝で、常に李は写真から読者の方をじっと見つめている。逆に、長谷川はどの画像においても李を見ている［『キネマ旬報　一九三九』］。李は、長谷川と観客の両者と特別な関係を持ち得たのであろう。そのころの映画に描かれた李と長谷川のロマンチックな関係のイメージの魅力は、ひとつの理想像をつくり出し、日本と、日本に占領された中国との関係に対して大衆が抱くイメージにまで影響を及ぼした。

以上のように、『キネマ旬報』に見る初期の李香蘭の姿から「李香蘭」というスターのペルソナは、帝国日本の宣伝活動によってその原型が作られ、それに観客の欲望が反映された色付けが加わり広まったものであったとことがわかる。言うなれば「李香蘭」というペルソナは、政治的かつ大衆的な利益に見合うように形成されたのであり、その李のペルソナのロマンチックな要素において、「邂逅」の概念は重要である。

敗戦後の「山口淑子」と「シャーリー・ヤマグチ」

敗戦とともに日本による満州の統治が終わると、李香蘭は漢奸（売国奴の中国人）として裁判にかけられたが、やがて満州育ちの日本人としての戸籍が「発見」されたとして、李香蘭の名を改め帰国した。本節では、「山口淑子」という本名で女優としての活動を再開した彼女が出演している戦後日本の作品と、「シャーリー・ヤマグチ」としての演技が見られるハリウッドの映画、そして当時の彼女の私生活を分析したい。

先に紹介したリチャード・ダイヤによると、スターのペルソナは映画以外のさまざまな事象から影響を受け、またそれらは新しいペルソナの形成にも大きな影響を与える［Dyer 2004］。実際に、戦後日本における山口淑子としてのスター・ペルソナ形成に、かつての李香蘭のペルソナは大きな影響を及ぼした。ハリウッドでのシャーリー・ヤマグチというペルソナは、アメリカの監督や批評家、観客がもっていた日本のイメージから影響を受けた。スターのペルソナにはさまざまな要素が含まれるが、山口の場合、国内外の多くの研究が、とりわけエロスの要素に注目している。日本映画研究者の四方田犬彦によると、山口は、「満州風」のエキゾチシズムを備えた「肉体美」をもつスターであり、日本人の観客にとっては、戦後映画で活躍した他の女優たちよりもエロチックでセクシュアルなスターであった［四方田 二〇〇〇］。これに対して、たとえば戦後を代表する女優である原節子の場合は、伝統的で、女性的で、ピュアなペルソナをもつスターであった。映画史家は、中年期の原節子を「クィア」な、つまり同性のファンに好かれるスターになったと論ずることがある。他方、山口のペルソナはヘテロな、つまり異性のファンに好かれるものであった。もちろん、山口にもたくさんの女性ファンがいた。しかし、映画の中でも、ポスターでも、雑誌や新聞においても、山口のペルソナは、あくまでも異性愛を前提とした男女関係のコンテクストに位置づけられている。映画雑誌に寄稿する評論家や研究者には男性が多く、男性ファンからの手紙もしばしば掲載されていた。このようにとりわけ山口のスター・ペルソナではヘテロセクシュアルな要素が強調されてきた。たとえば、四方田犬彦の著作『日本女優』において、原節子の「クィア」なペルソナと、山口の「ヘテロ」なペルソナは対照的なものとして位置づけられている［四方田 二〇一一］。

戦後日本のコンテクストにおいて、山口のペルソナの「ヘテロ」な要素はとりわけ興味深いものである。アメリカに占領されていたころの作品では、日米関係は異性愛結婚に象徴され、山口の演じる日本人女性は、力強いアメリカ人男性に従う存在として描かれた。この構図は、戦前・戦中の映画で、山口すなわち李香蘭の演ずる中国人女性と日本人男性の結婚として語られる物語と、パラレルなものである。このことを想起するとき、山口の役柄の変化はきわめて興味深いものに見えてくる。役柄は中国人から日本人に変化したにもかかわらず、弱者としての女性と強者としての男性という当時の男女間の力関係と、植民地と宗主国、あるいは敗戦国と戦勝国という国際政治における力関係は依然として反映され続けているのである。山口のペルソナは、戦前から戦後にかけて国際情勢が大きく変化するなかで、そこから多大な影響を受けていた。

昭和三〇年代以降の日本映画とハリウッド映画における山口の活躍は有名であるが、実のところ、敗戦直後の日本で山口はなかなか仕事にありつけなかった。李香蘭にノスタルジックな感情を抱いていたファンは、その感情を、戦後の山口の新たなアイデンティティとうまく結びつけられなかったようだ。皮肉なことに、山口の戦後初の映画出演の機会は、しばしば対照的な女優と見なされる原節子によってもたらされた。吉村光三郎監督の『安城家の舞踏会』(一九四八)が大成功したので、松竹は同様の映画を作る意向を発表した［『キネマ旬報』

一九四八]。しかし、『安城家の舞踏会』で主演を務めた原にはすでに他の映画製作の契約があったので、山口が原の役を得たのである[『キネマ旬報』一九四八]。原から引き継いだこの役柄に、山口は巧みに自身のペルソナを当てはめた。被占領下の日本では、占領軍GHQの「民間情報部」(CIE)が映画の検閲を行っていた。映画のストーリーと台詞は、アメリカ人検閲官により、撮影が始まる前に厳重に検閲された。その際、製作陣には禁止事項のみならず「含むべき事項」についても通達された。接吻をはじめとするロマンチックな行為がそのひとつであった。というのもGHQのねらいは、民主主義的な男女関係を健全なものとして日本に定着させることにあったからである。戦中の李香蘭のペルソナはロマンチックで異性愛的なものであったため、その要素がGHQのこの政策と合致し、山口淑子という女優は戦後ようやく人気スターとして返り咲いたのである。ここでも、山口と原節子は対照的であった。原は接吻を堅く拒んだのに対し、山口が出演した吉村公三郎の『わが生涯のかがやける日』(一九四八)には接吻のシーンがあった[Kamei 1981]。この接吻という行為により、山口は李香蘭のペルソナのもつ「愛」の要素を生かして、戦後のペルソナの再構築に成功し、再び人気を得た。

比較文学者の亀井俊介は、『わが生涯のかがやける日』の接吻のシーンの人気は山口の「国際的なペルソナ」に起因すると指摘した上で、海外経験と高い語学力を有する山口には、一般的な日本人女性に見られる「自己抑制」の姿勢がなかったことを論じている[Kamei 1981]。この亀井の論説と、先述した戦後の社会背景は、李香蘭時代から築かれてきたロマンチックかつ国際的な山口のペルソナが、彼女を接吻専門女優に仕立て上げた経緯を物語っている。昭和二四年四月一〇日の『毎日新聞』の「女優美と接吻について」のコラムで山口は接吻の方法について助言を述べている。この記事で山口は、最大限の映像効果を引き出すためには、俳優はカメラのアングルと自身の位置関係、つまり頭あるいは目はどこに据えるべきか、手の動きをどのように演出するかといったことを分析する必要があることを説いた［山田・竹久・山口一九四九］。このような意見を述べることにより、山口は戦中の李香蘭のペルソナから戦後の山口淑子という新たなスターのペルソナへの移行段階で、「ロマンチックな男女の出会い」と「国際的な女優」といった要素をみずからのイメージの中に織り込んでいった。

「シャーリー・ヤマグチ」と名乗ってハリウッドで活動した、アメリカでの彼女のスター・ペルソナには、占領下中国時代の李香蘭のイメージが依然として残りながら、それに加えて日本の山口淑子のイメージも影響していた。ヤマグチの最初のアメリカツアーの際には、当時日本で広まっていた彼女のイメージと渡航の目的が、アメリカのメディアによって結びつけられ、ヤマグチは「接吻について勉強するため」に渡米したと報じられた［Wang 2012］。また、ハリウッドの映画産業では、ヤマグチは「占領下日本から渡米した初の映画女優」として売り出された。このような文言をはね返すように、ヤマグチはアメリカのスクリーンを席巻していった［Wang 2012］。一方で、当時アメリカで見られた上記のような嘲笑を含んだ表現は、ヤマグチの「被害者」としてのペルソナも隠喩していた。この頃、ヤマグチが中国から亡命したのは共産主義から逃れるためであったという噂が飛び交っていたのである。これらの捏造に加えて、映画のなかでの従順な妻の役柄の影響もあって、シャーリー・ヤマグチというスターのペルソナは、エキゾチックで美しい被害者としてアメリカの観客に受容された。ハリウッド映画においてヤマグチが演じた日本人は、概して、アメリカ人俳優が演じる登場人物とのロマンチックな出会いにより救われる。アメリカの観客は、現実の政治においても、アメリカが敗戦国日本を救済していると信じていた。

スター・ペルソナとナショナル・アイデンティティ

前述のリチャード・ダイヤによると、スター・ペルソナと国民意識（ナショナル・アイデンティティ）、国民的記憶は、緊密につながっているとされる。山口の戦後のペルソナに、戦後の日本の状況が反映されたことは、その格好の例として挙げられよう。

被占領期の日本において、GHQにより導入されたアメリカ風の新しい生活に、日本人は即座に適応することはできなかったが、新しい山口のペルソナは、そのような変化に対応することができる格好のモデルであった。彼女は戦後、李香蘭から山口淑子へと変身したばかりでなく、さらに「シャーリー・ヤマグチ」としてハリウッドの作品に出演した。ハリウッド映画でのヤマグチの役はというと、そのほとんどが〝アメリカ人男性と結婚する日本人女性〟というものである。山口の演ずる登場人物は、国際結婚のかたちで理想的な日米関係を象徴する日本人女性であった〔Igarashi 2000〕。

映画における国際結婚には、往々にしてロマンチックな出会いのイメージが伴っていたが、日本と占領下の中国との関係や日米関係を結婚になぞらえることには、欠点もあった。たとえば、満映の『支那の夜』とハリウッドの *House of Bamboo*（『東京暗黒街・竹の家』一九五五）では、国際政治の力関係を象徴するような暴力的な場面が見られる。これらの作品では、李香蘭ないしシャーリー・ヤマグチが演じた登場人物が頰を打たれるシーンがある。ヤマグチのアメリカでのペルソナは、とりわけ暴力的な男女関係を経て形成された。その「被害者」の要素は李／ヤマグチのスター像の中核にあった。たとえば、サミュエル・フラー（Samuel Fuller）監督の *House of Bamboo* を紹介したハリウッド雑誌では、以下のように打たれるシーンに触れるかたちでヤマグチの人気の要因が語られている。「ヤマグチは〔撮影のためなら敢えて〕共演者たちから平手打ちをされたり、小突きまわされたりといった暴力行為を受け入れることもできたので、撮影現場で人気があった」〔Brand 1955〕（〔　〕内は引用者による補足）。

満映映画の李香蘭とハリウッド映画のシャーリー・ヤマグチは、いずれも国家間の序列が反映された役柄を演じていた。しかし、他方でハリウッドでヤマグチが演じた登場人物には理想的な女性としての要素もあった。李香蘭と同じく、ヤマグチの役柄は外国語を流暢に話すことができた。多くの映画で、李香蘭だったころに演じた中国人女性は日本人男性のために、シャーリー・ヤマグチとして演じた日本人女性はアメリカ人男性のために通訳となり得たのである。男性の登場人物にとって魅力的な技能は言語だけではない。ハリウッド映画でヤマグチが演じた女性は、さまざまな家庭の技も備えていた。たとえば、*Japanese War Bride*（King Vidor, 1952）と *Navy Wife*（Edward Bernds, 1956）の中でのヤマグチの役は、美しく、家事と（英語と日本語の）言語能力に長けていて、さらに日本の伝統作法にも精通した女性であった。彼女が映画のなかで茶道を披露したことで、着物を着た登場人物はアメリカの観客の間で人気を博した。映画のなかの彼女の姿は、日本人女性の様式美の典型

『支那の夜』で共演する長谷川一夫と李香蘭
（宣伝用スチール［個人蔵］より）

となった。さらに、当時ヤマグチは、男性が求める理想の女性を演じただけではなく、同性に頼られる役柄も演じた。たとえば、*Navy Wife* のなかで、ヤマグチが演じた芸者は、日本の女性が夫や父親から受ける仕打ちを語ることで、比較的自由で平等と言えるアメリカ人女性の現状を讃え、アメリカ人妻を励ました。ヤマグチのペルソナは女性的な弱い日本を象徴すると同時に、男性的な強いアメリカにとって理想の妻でもあった。言い換えれば、ヤマグチのスター・ペルソナは、日本がアメリカの「良妻」になったことをイメージさせたのである。

先述した藤木秀朗とリチャード・ダイヤによると、映画スターのペルソナは、映画以外の私生活が知られることによっても形成される。スターの家庭や結婚にまつわる情報は、新聞や雑誌にたびたび掲載された。山口はアメリカツアーの後、一九五一年から一九五七年まで日系人の彫刻家イサム・ノグチと婚姻関係にあった。短い期間ではあったが、山口が国際結婚を経験したことは、戦後の国際的な日本人という山口のイメージを一層強めた。観客にとって、映画雑誌や新聞で読む山口とノグチの結婚生活は、日米双方の要素が融合したもので、それは同時に、アメリカと日本の国家間関係を想起させたのではなかろうか。映画と現実世界の両方で、山口のイメージは日米間の平和への歩みを体現していたといえる。

結婚当初、ノグチは日本人であった自身の父親の文化に強い関心を抱いており、山口とともに日本風の生活を送っていた。二人は日本とアメリカに一軒ずつ家を建て、日本の着物を着た。

ハリウッドの雑誌には、和服姿の山口とノグチが映画界の大物たちと社交を楽しむ様子を捉えた写真が掲載された。日本人の山口と結婚したことで、ノグチは父親の文化を学ぶことができたと感じていたようだ。また、ヤマグチの美しい容姿とふるまいは、アメリカの観客が戦前・戦中に抱いていた未開の日本のイメージを捨てさせ、日本の美の概念を改めて導入した。しかし、山口の結婚生活は実際には理想的なものではなかったようだ。山口が草履で足を傷めていたことを知りながらも、ノグチは山口に着物や草履の着用を強いていたらしく、山口はそのことを後に振り返っている。ノグチは、独自の解釈による日本の美学を山口の装いに適用しようとし、結婚式の折には、山口の花嫁衣装をデザインするほどであった [Herrera 2015]。当時、実際の結婚生活における山口の役割は、夫の理想を実現させる映画女優ヤマグチのペルソナと一致していた。山口はノグチが描いた理想の日本のイメージを具現化したが、結果的には、その結婚生活にもある種の暴力が生じ、破局に至ったと考えられる。映画の役柄においても、現実の結婚生活においても、この頃の山口をめぐる男女関係は不公平なものであった。

テレビ、そして政治の世界へ

山口淑子の国際的なスター・ペルソナは戦後日本の弱い立場を映し出しただけではなく、強さの象徴にもなった。ノグチと離婚した後、一九五八年に山口は外交官の大鷹弘と再婚し、映画界から引退した。駐ビルマ大使であった大鷹弘との結婚は注目を集め、この結婚によって、山口のスター・ペルソナはさらに国際的になったのみならず政治的なものにもなった。彼女は東宝映画を辞め、夫の赴任地であるビルマへ同行し、ビルマの政治家と交流を深めた。

一九六九年に帰国した後、山口はテレビ界に活動の場を移した。フジテレビのワイドショー『三時のあなた』の司会者として業界に復帰したのである。国際的なペルソナとアメリカやビルマの滞在経験が有益にはたらき、山口は海外の有名人や政治家などさまざまな人物にインタビューすることができた。パレスチナのライラ・ハーリド（Leila Khaled）や、日本赤軍の重信房子のような接触の困難な人物へのインタビューにも成功した。山口淑子のペルソナにおけるロマンチックで魅力的な国際性、つまり「外」に開かれたイメージが、彼女と「外」の世界の人びととの対話を可能にしたのではなかろうか。

テレビにおける山口のスター・ペルソナは政治的なものでもあった。山口が『三時のあなた』に参加するまで、この番組は、女性の衣服や生活といったテーマに重点を置いていた。ところが、それまでの海外経験や夫のキャリアから影響を受けていた山口が加わったことによって、番組の方向性も政治的なものへと変わっていった。一九七二年の日中国交正常化の際に、楽屋裏で静かに泣いている山口が撮影されたエピソードは、山口のスター・ペルソナが、テレビにおいてもまた、日中関係の理想を情緒的に反映していることを浮き彫りにした。

テレビの仕事から引退した後、山口は政治家に転身し、自由民主党の参議院議員を務めた。さらにその傍ら、日本・ビルマ協会の会長としても活動した。一九九三年から二〇〇一年にかけて、「女性のためのアジア平和国民基金」の呼びかけ人として、同基金の副理事長も務めた。この役割には、山口のペルソナの「外に開かれた」イメージと中国との関係が反映されていた。「女性のためのアジア平和国民基金」とは、戦中の「慰安婦」のために発足した基金である。山口のスター像が慰安婦問題と緊密に結びついていたことは四方田も指摘している〔四方田 二〇〇一〕。たとえば戦後の作家、田村泰次郎の小説『春婦伝』に登場する慰安婦の主人公のモデルは山口であった。戦中の満州で、田村は李香蘭時代の山口に出会っている。その際山口は田村の所属部隊のために歌を披露する予定であった。田村は李から強い印象を受けて、彼女をモデルにした主人公を戦後の小説に登場させたのだ。田村の小説が谷口千吉監督により『暁の脱走』(一九五〇)として映画化された際には、山口淑子が慰安婦の主人公を演じたが、占領下の検閲により、その役柄から性的慰安婦の要素は差し引かれ、歌手として兵隊を慰安する役柄へと変更された。それでも、山口淑子の人物像は、彼女が政治家としてのキャリアを終えるまでずっと、満州という国家と、慰安婦という存在に関連づけられていた。

近年、若手俳優やアーティストのなかには、山口の「国際的な」イメージを利用しようとする動きが見られる。たとえば、日本人のAV女優蒼井そらは、中国でファンを得るために、戦時中の李香蘭のイメージを意識的に真似ていた。蒼井は、二〇〇二年に『Bejean』誌でグラビアデビューした後、『Happy Go Lucky!』でAVデビューをした。二〇〇三年から二〇一〇年まで蒼井はAV映画とタレントテレビ番組、「グラブレ」映画（オリジナルビデオ）、テレビドラマに出演したほか、映画館で上映された映画にも出演した。日本映画だけでなくタイ映画でも、端役から主役まで幅広い役柄を演じた。蒼井は日本でもそれなりに知名度があるが、特に中国で活躍してきたことが注目される。周知のように、中国では国際インターネットの利用にさまざまな制約があるが、蒼井を見たいがために中国の多くのファンがTwitterに登録したという。これを知った蒼井は、「新浪微博」（シナウェイボー）というサイトにアカウントを作成して、中国のファンに向けて中国語で発信した。

その頃、蒼井はAV女優をやめたいと述べていた。中国で出た人気の波に乗って、蒼井は二〇一一年に歌手としての活動を始めた。蒼井そらの中国語デビューシングル「毛衣」は音楽配信限定でリリースされた。翌二〇一二年に発表された「第二夢」の音楽ビデオで、蒼井は一九三〇年代のデザインの舞台衣装をまとって李香蘭のように歌った。「第二夢」の歌をリリースすると同時に、蒼井は同じ監督の中国短編映画に出演した。その映画のなかで、蒼井が演じた登場人物は、愛人と別れて引越した上海で、李香蘭の歌を聴く。そして、ほろ酔い気分のなかで李を夢に見るのである。これらの短編映画でも音楽ビデオでも、蒼井は中国語で歌っている。

このように、現代のタレントである蒼井そらは、中国人の観客にアピールをするために李香蘭の記憶を巧みに利用している。李のイメージや仕草を真似て、一九三〇年代の雰囲気を想起させるのである。しかし、李のスター・ペルソナの記憶を使う目的は、蒼井自身のキャリアのためだけではない。蒼井は、中国と日本の間に本物の友好的な感情を創造したいと述べていた。二〇一二年というと、尖閣諸島をめぐる紛争が取り沙汰されて、中国では反日本的な感情が高まっていた時期である。そのような時に、蒼井はTwitterと新浪微博のサイトに、中国語で「中日人民友好」(中日友情)と書き込んだのである。蒼井そらのスター・ペルソナとキャリアは、李香蘭のイメージを継承するとともに、李の国際的な意識や日中友好へ向けた希望も継承していると言えよう。

AV女優・歌手としての蒼井そらのキャリアは、現代大衆文化の事例であるが、近年の日本では、いわゆる独立系の芸術家の間にも李香蘭の記憶を継承しようとする例が見られる。たとえば、映像作家・澤崎賢一の『よしことしゃんらんがわたし』（二〇一二）には、山口の李香蘭時代のイメージが投影されている。作家自身の解説によると、これは二面スクリーンを用いた以下のような三分五〇秒の映像作品である。「映画『支那の夜』（一九四〇年制作）のなかで李香蘭が歌った『蘇州夜曲』を、作家自らが李香蘭に扮して歌った映像と、作者の故郷広島の各地にて『ユネスコ憲章前文』を朗読する映像」［スケルビルディング映像展パンフレット（二〇一四）］。そのなかで澤崎は李が着ていたような中国の旗袍《チーパオ》を着て、李のヒット曲を歌っている。

澤崎の映像では、山口のノスタルジックな満映のイメージとグローバル化のコンテクストにおいて、日本の歴史はつながっている。山口の李香蘭時代のペルソナを使って、作家は将来の平和と日本の広島の経験を関連づけている。澤崎は「ユネスコ憲章前文」を朗読することで、李／山口／ヤマグチのロマンチックなペルソナの意味を明瞭化している。山口の感情的なペルソナが「心」の要素に重きを置いて形成されたことは、憲章前文に述べられる「戦争は人の心のなかで生まれるもの」に対応している。もし実際に「戦争は人の心の中で生まれるもの」であるならば、山口の感情的なペルソナは、人間の性質を色濃く映し出しているのではなかろうか。山口の人生とキャリアには、さまざまな形で異国との邂逅があり、彼女のスター・ペルソナは感情の上に成り立つ国際平和のモデルとなり得る。次に憲章前文は、「人の心の中に平和のとりでを築かなければならない」という記述へと続くのだ。これらの考察を踏まえ、李香蘭と山口淑子の、ノスタルジックかつ情緒豊かなイメージを用いた澤崎の作品を鑑賞すると、人の愛こそが世界を平和に導き得るものなのだ、という訴えが心に響いてくる。

澤崎は人間関係に深い関心がある。彼自身の言葉を借りれば、彼は「個人的な体験と社会的な出来事が絡まりあう場面において、直接的に経験できないことを浮かび上がらせるために創造された周辺イメージの生み出す効果について探求している」〔スケルビルディング映像展パンフレット（二〇一四）〕。『よしことしゃんらんがわたし』の事例からは、李／山口の個人的な体験が当時の社会的な出来事を反映していただけではなく、今日の国際社会における、新たな世界平和の可能性も示唆するものとして捉えられていることが見てとれる。山口自身が経験したさまざまな出自の友人や恋人との出会い、世界中の山口淑子ファンとの邂逅は、彼女の優れた語学力なども相まって、彼女自身が知り得なかった今日の日本の国際的な邂逅の可能性に結びつけられている。

澤崎は、筆者が行ったインタビューに対して、李香蘭／山口淑子には「外」という要素があると感じて、李のペルソナに惹かれてその作品の製作を始めた、と語った。澤崎によると、自分自身の中にその「外」の要素を感じていたところ、李／山口のペルソナにも同種のものを認めたとのことである。澤崎は、李が着ていたような旗袍を着て、李のヒット曲を歌っている時、自分自身のペルソナから自由になっている。かつての李の「外」の要素に共感する一方で、李のペルソナを演じる時には客観的に自分の世界と生き方を探ることができる。蒼井そらと澤崎の演出の仕方は違うけれども、二人とも李／山口との邂逅から現代世界の政治的な問題について考えを巡らしている。蒼井も澤崎も、それぞれに李の感情的なペルソナとの邂逅を通して、国際的な問題にどのような解決があり得るかを問うのである。それらの作品に、李のペルソナの記憶は継承されている。

おわりに

李／山口／ヤマグチの九四年の人生の中で、彼女はさまざまな邂逅を体験した。三つの名前で生きたこの女優の強い印象は、今日のわれわれにも影響を与え続ける。本章では、山口というスターのペルソナを分析することで、ペルソナと映画との邂逅の探求も試みた。映画史という分野におけるスター・ペルソナの研究にはどのような意義があるのか。筆者は、山口のペルソナと映画は、二〇世紀の日本の大きな変化を理解する手がかりともなり得ると考える。戦前、戦中から戦後へと、国際社会における日本の位置づけの変化は、山口のペルソナに如実に反映されてきた。このようなスターのペルソナの分析は、われわれが生きる世界のコンテクストを明確にしてくれる。スターたちの人生が人間の条件・状態を反映していることは、ダイヤも指摘しているところである［Dyer 1998］。山口淑子のようなスター――常に国際情勢に翻弄されながらもしたたかに生き抜いた女優――の研究は、グローバル化が進む現代を生きる術をわれわれに提示してくれるかもしれない。

注

（1）ただし、この点を指摘し、山口のその後のキャリアを分析する研究も少ないながら存在する［羽鳥二〇一五：Stephenson 1999; 2002］。

引用文献リスト

匿名（宣伝）「東旅記」（『キネマ旬報』六九七号、一九三九年一一月一一日）。

匿名（宣伝）「白蘭の歌」（『キネマ旬報』六九八号、一九三九年一一月一一日）。

匿名「日本映画紹介：白蘭の歌」（『キネマ旬報』七〇〇号、一九三九年一二月一日）。

匿名（宣伝）「支那の夜」（『キネマ旬報』七一六号、一九四〇年五月一一日）。

匿名（宣伝）「支那の夜」（『キネマ旬報』七一六号、一九四〇年五月一一日）。

匿名（宣伝）「支那の夜」（『キネマ旬報』七一七号、一九四〇年五月二一日）。

匿名「撮影所」（『キネマ旬報』三五号、一九四八年六月一日）。

藤木秀朗『増殖するペルソナ――映画スターダムの成立と日本近代』名古屋大学出版会、二〇〇七。

羽鳥隆英「日本人・李香蘭帰る――被占領期の山口淑子を巡る試論」（『日本映画学会第四回例会プロシーディングス』

二〇一五)。
飯田心美「スターの価値」(『キネマ旬報』三九号、一九四八年八月一日)。
水町青磁「日本映画批評：支那の夜」(『キネマ旬報』七二一号、一九四〇年七月一一日)。
滋野辰彦「日本映画批評：白蘭の歌」(『キネマ旬報』七〇一号、一九三九年一二月一一日)。
友田純一郎「日本映画：東宝映画」(『キネマ旬報』七〇二号、一九四〇年一月一日)。
山田五十鈴、竹久千恵子、山口淑子「女優美と接吻について」『毎日新聞』(一九四九年四月一〇日)。
山口淑子『「李香蘭」を生きて』日本経済新聞出版社、二〇〇四。
山口淑子／藤原作弥『李香蘭 私の半生』新潮社、一九九〇。
四方田犬彦『日本女優』岩波書店、二〇〇〇。
四方田犬彦『李香蘭と原節子』岩波書店、二〇一一[二〇〇〇]。
四方田犬彦編『李香蘭と東アジア』東京大学出版会、二〇〇一。
Brand, H. "Vital Statistics on House of Bamboo." *20th Century Fox Studios promotion document,* Margaret Herrick Library, 1955.
Coates, J. "Rogue Diva Flows: Aoi Sora's Reception in Chinese Media." *Journal of Japanese and Korean Cinema,* 6:1, 2014.
Dyer, R. *Stars*. London: BFI Publishing, 1998.
Dyer, R. *Heavenly Bodies; Film Stars and Society*. London; New York: Routledge, 2004.
Herrera, H. *Listening to Stone: The Life and Work of Isamu Noguchi*. New York: Farrar, Straus and Giroux, 2015.
Igarashi, Y. *Bodies of Memory: Narratives of War in Postwar Japanese Culture 1945-1970*. Princeton; Oxford: Princeton University Press, 2000.
Kamei S. "The Kiss and Japanese Culture After World War II." *Comparative Literature Studies*, 18:2, 1981.
Standish, Isolde. 2000. *Myth and Masculinity in the Japanese Cinema: Towards a Political Reading of the 'Tragic*

Hero'. New York and London: Routledge.

Stephenson, S. "'Her Traces Are Found Everywhere': Shanghai, Li Xianglan, and the 'Greater East Asia Film Sphere'." In *Cinema and Urban Culture in Shanghai, 1922–1943*, edited by Yingjin Zhang, Stanford: Stanford University Press, 1999.

Stephenson, S. "A Star by Any Other Name: The (After) Lives of Li Xianglan." *Quarterly Review of Film and Video*, 19:1, 2002.

Tanaka H., Utsumi A., and Onuma Y. "Looking Back on My Days as Ri Kōran (Li Xianglan)." Translated by Melissa Wender. *Japan Focus*, October, 2004.

Wang, Y. "Affective Politics and the Legend of Yamaguchi Yoshiko/ Li Xianglan." In *Sino-Japanese Transculturation*, edited by Richard King, Cody Poulton, and Katsuhiko Endo, Plymouth: Lexington Books, 2012.

海外における日本映画をめぐるさまざまな「出会い」

ジェニファー　コーツ

シャーリー・ヤマグチがアメリカで活躍していた当時、日本の映画会社はアメリカで映画館を運営していた。東宝映画の「怪獣もの」がアメリカでとてもポピュラーなジャンルになったことから、一九六〇年代初頭に東宝はロサンゼルスに「東宝ラ・ブレア」(Toho La Brea)という映画館を開いた。さらに、ほどなくして、サンフランシスコとニューヨークにも東宝直営の映画館が二つオープンした。一方、一九五四年には東宝国際株式会社が設立されており松竹映画も一九五三年にロンドンとロサンゼルスに国際会社を創設していた。

一九五〇年代は、アメリカのみならずヨーロッパでも日本映画が注目されていた時期である。ヨーロッパのさまざまな国際映画祭で日本の映画は有名な賞を獲得した。一九五一年には黒澤明の『羅生門』がヴエネツィア国際映画祭で金獅子賞を受賞し、一九五三年にはベルリン国際映画祭で五所平之助の『煙突の見える場所』が国際平和賞、カンヌ国際映画祭で衣笠貞之助の『地獄門』がパルム・ドール賞を受賞するなど、注目を集めた。このように、一九五〇年代にはアメリカの日本映画館でも、国際映画祭でも、観客たちは日本映画との「出会い」を体験していた。

しかし、一九六〇年代以降、海外における日本映画の評価は下がってしまう。一九七〇年代のヤクザ映画はアメリカ人の若い男性の観客に人気があったが、イギリスでは日本映画がほとんど上映されていなかったのである。

一九九〇年代に入ると、ビデオのおかげで欧米の観客達は日本映画への興味を再びかきたてられることになる。タータン・フィルムズ(Tartan Films)という会社は、アメリカとイギリスで「タータン・アジア・エクストリーム(Tartan Asia Extreme)」という題名でアジアのホラー映画とバイオレンス映画のビデオやDVDを販売した。二〇〇八年に同社はパリセイズ・タータン(Palisades Tartan)という名の株式会社になり、今にいたるまで日本映画のDVDを欧米で販売している。

むせかえる真夏の草いきれの中で繰り展げられる盗賊と美女とその夫の息詰るような愛欲絵巻!
黒沢 明■監督作品
羅《ら》生《しょう》門《もん》
三船敏郎=京マチ子■主演

『羅生門』の宣伝用ポスター

一九九〇年代以降は、国際映画祭でも日本映画や日本人監督が再注目されるようになる。例えば、一九九七年には北野武監督の『花火』がヴエネツィア国際映画祭で金獅子賞を、二〇一三年に是枝裕和の『そして父になる』がカンヌ国際映画祭の審査員賞を受賞した。

近年も、欧米の映画館や映画史に関する図書館において、黄金時代の日本映画の名作上映会が公開されるなどの動きが見られる。英国映画協会(British Film Institute)では二〇一四年に小津安二郎の記念上映会が開かれているし、二〇一三年にカナダのトロント国際映画祭(Toronto International Film Festival (TIFF))では、日本の名女優をテーマにした上映会が開かれた。

二一世紀に入っても、海外における日本映画との「出会い」は続いていると言えそうだ。

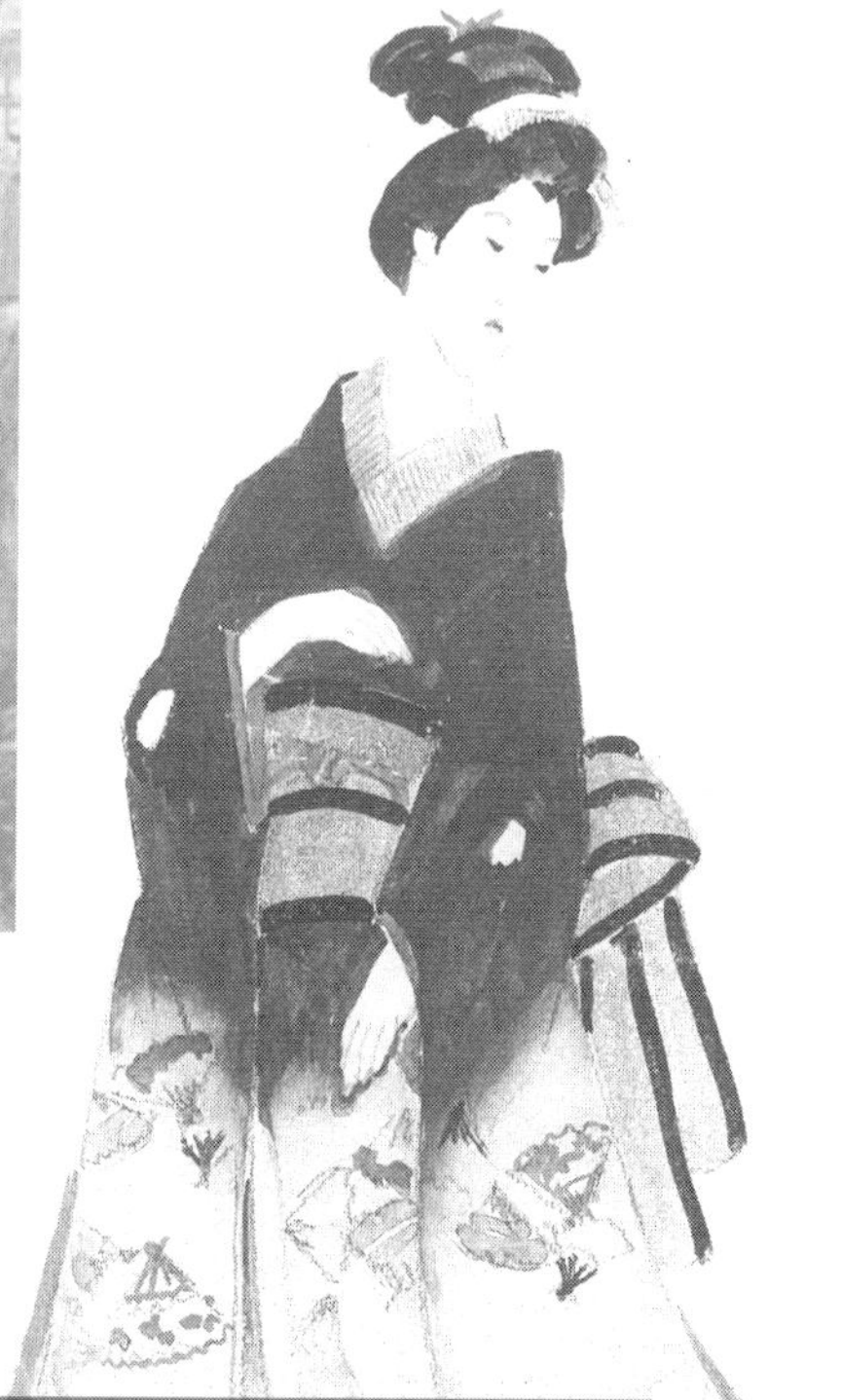

長崎を舞台として書かれたというプッチーニのオペラ《蝶々夫人》は、日本でもヨーロッパでも大人気のオペラである。「高尚な芸術」の「舞台」となった日本。舞台は長崎のどこなのか、主人公にモデルがいたのか。そもそも筋書きがおかしくはないのか。いったいぜんたい、西洋人の誤解に、どうやって正しい日本を提示するのか。これらを求めて日本人は一〇〇年来議論してきた。だが「誤り」の「対義語」は「正しさ」なのだろうか。

2 《蝶々夫人》と「わたしたち」

——すれ違う自己投影イメージ

小石かつら

長崎を舞台にしたイタリア・オペラ《蝶々夫人》

プッチーニ（Giacomo Puccini 1858-1924）のオペラ《蝶々夫人》は、一九〇四年にミラノで初演されたイタリア・オペラである。舞台は一九世紀末ごろの長崎。没落武士の娘、一五歳の蝶々さんはアメリカ海軍中尉のピンカートンと「結婚」するが、任務を終えたピンカートンはアメリカに帰国する。蝶々さんは彼との間に生まれた子どもを育てながら、ひたすら「夫」の「帰国」を待つ。三年後に「来日」したピンカートンは、アメリカ人の正妻を伴っていた。子どもは養子として連れ帰られることとなる。絶望した蝶々さんは自殺する――これがオペラのおよその筋だ。

今日、日本で上演されるオペラの中でも《蝶々夫人》は別格である。上演数が多いだけでなく、高校生等に向けた鑑賞教材になることもある。この特別性は、物語の舞台が日本であるからに間違いない。しかし、言うまでもなく、オペラに描かれているのは西洋人が「西洋目線で見た日本」であり、一九世紀末から二〇世紀初めに流行した「異国オペラ」の典型である。想定されていた観客はもちろん、西洋人だった。

《蝶々夫人》が作曲された一九〇〇年頃というのは、一九世紀後半よりヨーロッパ各国で開かれた万博を経て、和服や日本女性の髪形などが有名になり、西洋における「日本女性」イメージができあがった時代だった。そんな時代に、まさに「売れる作品」としてつくられた《蝶々夫人》は、「日本」という設定のもと、あくまでも西洋目線での理想的な現地妻像が描かれているといってよい。例えば、蝶々さんがアメリカ人のピンカートンと「結婚」する前に、仏教を捨てキリスト教に改宗するのは当時の現地妻として正しい手続きであるし、アメリカ人の正妻が蝶々さんの息子を本国に引き取るのも彼らの常識だった。その、西洋独自の常識を教科書どおりにふまえた上で、なおかつ、西洋の自分たちが理想とする純愛を、西洋人ではない極東の芸者が気高くも貫くという設定が、お涙頂戴ドラマとして西洋人に受け入れられたのだ。つまり西洋人にとって、一人の生として尊敬をこめて共感できる存在でありながら、自分たちとは無関係な場所に生きる存在は、ドラマとして格好の素材だったのである。

ところがまもなく、物語の舞台でしかなかった日本でも、《蝶々夫人》は受容されるようになる。すると「想定外」の事態が発生した。つまり、西洋目線で描かれた日本を西洋目線で見るはずだったのに、日本の目線で見てしまうのだ。日本目線の「わたしたち」がいだくのは、「本当の日本はこんなものではない。イタリア人のプッチーニは、本当の日本を知らなかったのだ、わたしたちが本当の日本を示さなくてはならない」という感情だった。オペラ上演にあたっては、演出、舞台美術、衣装といった、作品（台本と音楽）以外の要素が多数必要であり、自由度も高い。したがってこの部分に「正しい日本」を主張する余地が発生しうる。そして現実に、「日本人による正しい」演出の上演が、数多くおこなわれてきた。

何故、「正しい日本」を主張する感情が重要となり、それが実践され、ひろく受け入れられてきたのか。本章では、西洋と日本の間によこたわる異文化（非）接触の実態を、オペラ《蝶々夫人》に注目し、ひとつの作品が、うつりゆく時代のなかにどのように取り込まれていったのか、日本における新聞報道を軸に読み解いていく。

《蝶々夫人》作曲の背景

実際に新聞報道の確認をはじめる前に、《蝶々夫人》の成立のあらましについて再確認しておこう。プッチーニは日本を訪れたことはなく、ロンドンで鑑賞した演劇が作曲の発端となった。そのロンドンでの演劇には、さらに原作となる作品がある。

原作はフランス人ピエール・ロティ（1850-1923）の『お菊さん』に遡る。フランス海軍大尉ロティは、一八八五年に長崎に滞在したことがあり、そこでの一八歳の日本人女性との生活経験をもとに、小説『お菊さん』を書いたのだという。一八八七年一二月から雑誌に連載され、一八九三年には単行本として出版された。その後五年間に、フランス語だけで二五版を重ね、多くの言語に翻訳もされた。軍人であったロティは文学者としての名声も確立した。つまり『お菊さん』は大評判だった。ゆえにヨーロッパやアメリカで、類似の小説が無数に発表されたのだという〔小川　二〇〇七〕。そのような背景のなか、一八九八年にアメリカ人弁護士のジョン・ルーサー・ロング（1861-1927）が、ニューヨークで短編『蝶々夫人』を月刊誌に発表する。これは、ロングの姉が宣教師の妻として長崎に滞在していたことがあり、その姉から聞いた話と『お菊さん』からの借用を織り交ぜて書いたらしい。わずか一七頁の短編『蝶々夫人』は『お菊さん』の亜流であったが、アメリカの熱狂的なジャポニズム・ブームに乗って爆発的人気を獲得する。さらに、このロングの短編を元に劇作品『蝶々夫人』を書いたのがディヴィッド・ベラスコ（1856-1931）で、一九〇〇年一月にニューヨークのヘラルド・スクエア劇場で上演され、大ヒットとなる。これがロンドンでも上演されるに至り、プッチーニが見て、オペラにすることを即決したのだという。

ここで確認しておきたいのは、この時代のオペラが「高尚な芸術」ではなかったということである（そもそもオペラが「高尚な芸術であった」のかという議論はさておき）。とにかく作品を成功させて人気を得ることが、オペラ作曲家として必須条件であり、そのためには観客のココロをわしづかみにする必要があった。だからこそ、原作の『お菊さん』や『蝶々夫人』は大衆小説であった。

プッチーニのオペラ《蝶々夫人》は直ちに作曲がすすめられ、一九〇四年にはミラノで初演された。ところがこの初演はさまざまな要因で失敗に終わる。作品に不備があったというだけではなく、出版社をはじめとする利害関係が背景にあったようである。いずれにせよ、プッチーニは何としても成功させようと作品を大幅に改訂し、三ヵ月後にはミラノから東に八〇キロ離れたブレシアの劇場で改訂初演し、大成功となる。以降、ロンドン、パリと場所を変えて上演するたびに改訂を重ね、現在ひろく流布しているのは一九〇六年のパリ版である。

報道される《蝶々夫人》

日本においては一般的に、音楽作品についての記事や演奏会批評が新聞に掲載されることは、めったにない。現在でも極めて少ない。しかし、こと《蝶々夫人》に関しては、一般紙上で膨大な言及がなされている。この事実だけでもじゅうぶんに特異であり、《蝶々夫人》の人気ぶりを証明するのだが、一般紙においていかに報道されてきたかを読み解いていくことは、どのように「人（読み手＝わたしたち）」が受け止めてきたか、あるいは、どのように「人」が受け止めるようにと仕向けられてきたのか、はたまた、「人」が、それを、どのように受け止める力があるとして考えられてきたのか、を考える手段となるだろう。

日本における新聞報道を見ていくにあたって、その資料について言及しておこう。調査したのは新聞社が提供するデータベースで、毎日新聞（東京日日新聞）一八七二年以降、読売新聞一八七四年以降、朝日新聞一八七九年以降のものである。この内、毎日新聞については第二次世界大戦以前の記事についての検索機能が整備されておらず、手作業で検索したため、確認した資料に偏りがあると思われるが、総じてこれら三紙上の報道を調査の対象とした。膨大な記事のうち、第二次世界大戦以前に主眼を置きつつ、数としては三紙合わせて三〇〇〇点あまりの記事および広告に目を通し、その中から《蝶々夫人》を主題として扱い、なおかつ文字数の多いものを中心に四七二点の記事を選んで資料とした。また各種雑誌に掲載された記事についても、大宅壮一文庫に収録されている雑誌記事八〇点を参考にした。これらの雑誌記事は、新聞記事を補完する資料として使用した。

《蝶々夫人》がイタリアで作曲され初演されたのは一九〇四年であるにもかかわらず、早くも一九〇九年に記事がある。その一九〇九年六月一二日の朝日新聞によれば、六月一〇日に宮内省式部職雅楽稽古所で一三時から一八時、演奏会が開催された。古曲、管弦楽、舞楽、舞、が順に演じられ、「斯《かく》て樂部員《がくぶゐん》は鳥冑襲衣《とりかぶとかさねぎぬ》をフロックコートに着更《きかへ》て歐洲樂《おうしゅうがく》の演奏を始《はじ》めた」とある。ウェーバーの《オベロン》と《オイリュアンテ》、シューベルトの《鱒》などのあと、「プチニイの『マダム、バッタアフライ』」が演奏されたようである。そして「日本《にほん》の俗曲《ぞくきょく》を導《みちび》き入《い》れた新曲《しんきょく》で何《なん》となく耳障《みみざわ》りがよかつた」と、記者の感想が記される。記事からは、この演奏会で、オペラの《蝶々夫人》からどの曲が抜粋演奏されたのか不明だが、演奏会全体の時間と演目から考えて、一曲から数曲のアリア（歌曲）のみが演奏されたことは間違いないだろう。つまり、オペラの全体像が聴衆（記者）に把握できていたかどうか疑問である。しかも、この時演奏されたウェーバー（1786-1826）もシューベルト（1797-1828）も当時すでに人口に膾炙していた作品であったが、《蝶々夫人》だけは、五年前に初演されたばかりの最新の現代作品であった。作品の表記も、その後しばらく主流となる《お蝶夫人》ではなく原語をカナにした《マダム、バツタアフライ》だった。それなのに早速、《蝶々夫人》は「日本」と結びつけて受け止められ、しかもそれゆえに、「耳障りがよい」と評価されていたことがわかる。

三浦環のスキャンダル報道と《蝶々夫人》

この後、《蝶々夫人》は歌手の三浦環（一八八四―一九四六）と抱き合わせで新聞に登場することとなる。その理由は三浦環が蝶々さん役を歌うソプラノ歌手だからだが、背景には、良家の子女が西洋音楽を学び、それを職業として舞台で活躍し、しかもその職業を家庭より大切にする、というスキャンダルとしての見方があり、これが報道と深く重なっている。

三浦環（旧姓柴田環）は一八八四年東京生まれ。父は公証人であった。一九〇〇年、一六歳で東京音楽学校（現東京藝術大学）に入学し、一九〇四年には陸軍軍医の藤井善一と結婚。それと同時に東京音楽学校の助教師として声楽を教えるが、しばらくして藤井と離婚する。当時、離婚した女性が教員を務めるのは不謹慎とのことで音楽学校を辞職する。「聲樂《せいがく》を以《もつ》て有名《いうめい》なりし藤井環女史《ふぢゐたまきじよし》も離婚問題《りこんもんだい》以來《いらい》辞表《ぢへう》を呈出《ていしつ》して今《いま》に出勤《しゅっきん》せず」と一九〇九年九月一二日の朝日新聞に報じられている。これ以外にももちろん、環と藤井との離婚は、スキャンダルとして大々的に報じられた。その過熱報道ぶりは、離婚の理由について「識者の見解」が論じられるほどであった。たとえば「離婚《りこん》と趣味《しゆみ》　藤井環女史《ふぢゐたまきぢよし》離縁問題《りえんもんだい》に就《つい》て」という見出しの記事では、「一般教育《いっぱんけういく》のある女子《ぢよし》の結婚問題《けつこんもんだい》としても確《たしか》に研究《けんきう》の價値《かち》がある」として、高等女学校教頭の意見を次のように書いている。

三輪田《みわた》高等女學校《かうとうぢよかくかう》教頭《けうとう》三輪田《みわた》元道《げんだう》氏《し》曰《いは》く、既《すで》に互《たがひ》いに選擇《せんたく》して妻《つま》となり良人《をつと》となった以上《いじやう》は二人《ふたり》の職業《しよくげふ》から來《く》る趣味《しゆみ》の差別《さべつ》などいふ事《こと》は夫婦《ふうふ》としての情愛《じやうあい》に一毫《かう》も加《くは》ふる處《ところ》がない筈《はず》でなければならぬ。（中略）聞《き》けば獨逸《ドイツ》留學《りうがく》を良人《をつと》の許《ゆる》さぬ爲《た》め自《みつか》ら去《さ》るの已《や》むなきに至《いた》つたのだとも云《い》ふが千古《こ》の文豪《ぶんがう》ゲーテでさへ自己《じこ》終生《しうせい》の目的《もくてき》たる文學的努力《ぶんがくてきどりよく》に累《わづらひ》するの理由《りいう》の下《もと》に婚約《こんやく》を破棄《はき》した時《とき》には其都度《そのつど》〱甚《いた》く自《みつか》ら悔悟《くわいご》して是《こ》れ罪悪《ざいあく》なりと稱《しよう》して居《ゐ》たではないか。

一九〇九年三月三〇日　朝日新聞

また東洋婦人会長清藤秋子女史は、「氣《き》に喰《く》はないから追《お》ん出《で》て行《ゆ》く抔《など》いふ事《こと》は在來下層社《ざいらいかそうしや》會《くわい》では餘《あま》り珍《めづら》しからぬ事《こと》ですが（中略）教育《けういく》あり修養《しうやう》ある人達《ひとたち》の間《あひだ》で今度《こんど》の様《やう》な事《こと》が動機《どうき》となつて離婚《りこん》をした例《れい》は澤山《たくさん》ありません」と、明確に教養的階層を理由の前面に出し、問題視している。

藤井との離婚スキャンダル報道の落ち着いた一九一一年から、環は帝国劇場のオペラ部門の主任として活躍し、一九一三年には医学研究者の三浦政太郎と再婚する。一九一三年六月二六日の朝刊には「三十花嫁《はなよめ》の丸髷《まるまげ》、柴田環《しばたたまき》の結婚仕度《けつこんじたく》、當分樂壇《たうぶんがくだん》を離《はな》れる」との見出しで詳しく報じられている。この前後にも、三浦政太郎との婚前シンガポール滞在やら新居のことやらで新聞紙上は騒々しいのだが、一九一四年五月二一日付の朝日新聞は、三浦の留学に同行する形で渡独する様子を詳細に報じる。

三浦環女史《みうらたまきじよし》は良人醫學士政太郎氏《をつといがくしまさたろうし》と共《とも》に廿日午後《ごご》七時《じ》十分新橋《ふんしんばし》を發《はつ》し、渡歐《とおう》の途《と》に就《つ》けり。途中小田原《とちうおだはら》、静岡《しづおか》に各《かく》一泊《はく》し、二十三日神戸出帆《かうべしゆつぱん》の熱田丸《あつたまる》に乗込《のりこ》む筈《はず》にて彼地《かのち》にては當分伯林《たうぶんべるりん》に滞在《たいざい》し後佛蘭西《のちふらんす》、伊太利維也納等《いたりやうゐねるとう》に出向《でむ》く可《べ》く、日数《にっすう》は約《やく》二箇年《かねん》の豫定《よてい》なりと。尚女史《なほぢよし》は伊太利《いたりや》のプチニー、マスカニー等《とう》を初《はじ》めとして彼地《かのち》の有名《いうめい》の聲樂家《せいがくか》には大概紹介状《たいがいせうかいじやう》を貰《もら》ひ居《を》れば、是等《これら》の諸家《しよか》に就《つ》きて己《おのれ》の聲《こゑ》の試験《しけん》をして貰《もら》ふ積《つも》りなりと語《かた》れり。

一九一四年五月二一日朝日新聞

このように逐一報道されることが、すなわち読者の関心の高さの表れなのは言うまでもない。ドイツに到着した三浦はしかし、第一次世界大戦の戦局悪化のためにロンドンに移動することとなった。そのロンドンで三浦はオペラデビューし、次いでアメリカに渡る。

ロンドンでのデビューの様子が写真付きで報じられる［1915年7月18日東京朝日新聞］

倫敦《ロンドン》で一夜《や》の出演料《しゆつえんれう》八百圓《ゑん》といふので評判《ひやうはん》を取《と》つた三浦環女史《みうらたまきぢよし》は露西亞《ロシア》バレー、オペラ一座《ざ》に加入《かにふ》して目下《もくか》市俄高《シカゴ》でボストングランドオペラ會社《くわいしや》の興行《こうぎやう》に出演《しゆつえん》して居《ゐ》る。前帝劇《ぜんていげき》歌劇部主任《かげきぶしゆにん》といふ肩書《かたが》きと倫敦《ロンドン》での評判《ひやうはん》で一晩《はん》五百弗《ドル》といふ素晴《すは》らしい出演料《しゆつえんれう》で而《しか》も日本《にほん》のプリマ、ドンナとして本物《ほんもの》の日本人《にほんじん》蝶子夫人《マダムバタフライ》の評判《ひやうはん》は錚々《さうく》たるものであると市俄高《シカゴ》の英字紙《えいじし》に掲《か》げて居《ゐ》る。

一九一五年一一月四日　朝日新聞

　この後もつづけて、アメリカやヨーロッパ各地での三浦環の活躍がさかんに報じられる。現在のわれわれの感覚では、新聞記事というよりはまるで週刊誌のゴシップ記事であるが、《蝶々夫人》の主人公である「蝶々さん」が、スキャンダラスな役であるということと、その役を歌う三浦環の人生そのものをスキャンダラスなものとして捉える報道、さらには、ヨーロッパの常識に基づいて書かれた《蝶々夫人》の作品としての在り方と、極東の貧しい芸者の悲劇として描かれた役に抜擢されて、西洋（本場）の舞台で活躍する日本人、という枠組み設定が、意識的にせよ無意識的にせよ報道にあらわれ、しかもそれが、「ゴシップを読む」という興味にそそられる無防備な読者のなかに組み込まれていった過程が見てとれよう。ちなみに、三浦環以外の日本人歌手が西洋で蝶々さん役を歌うという例もいくつかあるが、それらの報道は、三浦のそれと暗に比較して書かれている。

シカゴからの報告——文化の狭間の違和感

三浦環をはじめとする日本人女性歌手の海外での活躍を、無邪気に報道していた風潮に一石を投じるのが、野口米次郎（一八七五—一九四七）による一九一九年の寄稿だ。野口は国際的な文化人であり、慶應義塾大学の教授を務めた英文学者であるが、アメリカでは英語による詩や小説を発表していた。彫刻家イサム・ノグチの父親である。その野口が三浦環の現地での様子をシカゴから報告している記事をまず紹介しよう。

三浦夫人《みうらふじん》が所謂《いはゆる》ブロウクン・イングリッシユで喃喃《なん〱》と喋《しや》べり乍《なが》ら遣《や》つて來《き》た。見《み》ると夫人《ふじん》は日本《にほん》でなら一四五歳《さい》の少女《せうぢよ》が喜《よろこ》びさうな大柄《おおがら》な立派《りつは》な模様《もやう》が肩《かた》から胸《むね》へ掛《か》けて一面《めん》に散《ち》つて居《ゐ》る錦紗《きんしや》を着《き》て居《ゐ》る。なんのことは無《な》い、僕《ぼく》の娘《むすめ》の着物《きもの》をそつと簞笥《たんす》から引出《ひきだし》て着《き》て來《き》たのでは無《な》いかと僕《ぼく》は自分《じぶん》の眼《め》を拭《ぬぐ》つた。（中略）その様子全體《やうすぜんたい》が、如何《いか》にも申《もう》し憎《にく》いが、つい近頃日本《ちかごろにほん》から來《き》た僕《ぼく》には一種異様《しゆいやう》に感《かん》ぜられて、三浦夫人《みうらふじん》は舞臺《ぶたい》のつもりで出《で》てこられたと思《おも》つた。

一九一九年一二月二六日　朝日新聞

読者はおそらく、三浦の一連のスキャンダル・ストーリーの続きとして読んだだろう。数年前から報じられてきた日本人女性の海外での姿が、かの地から、日本人の識者によって細かく記されたのだ。三浦がしゃべるのはブロウクン・イングリッシュ。三五歳の女性が一五歳くらいの少女の格好をしている。それでけでも衝撃的だが、記事は続く。

又《また》よくも米國《べいこく》で流行《りうかう》する贋日本趣味《にせにほんしゆみ》に適合《てきがふ》するやうに自分《じぶん》を改造《かいぞう》せられたものだとも感服《かんふく》した。確《たしか》に三浦夫人《みうらふじん》の米國《べいこく》に於《お》ける成功《せいこう》は、心理的研究《しんりてきけんきう》に價《あたい》するとも思《おも》つた。(中略)米國人《べいこくじん》の贋日本《にせにほん》趣味《しゆみ》に添《そ》つて初《はじ》めて米國《べいこく》の舞臺《ぶたい》に於《おけ》る成功《せいこう》が得《え》られると了解《れうかい》せられるに至《いた》つた徑路《けいろ》には必《かなら》ずや多《た》大《だい》の涙《なみだ》の物語《ものがたり》があるに相違《さうゐ》ないとも僕《ぼく》は感《かん》じた。

一九一九年一二月二六日　朝日新聞

野口は、日本人の見る「日本」と、アメリカ人の見る「似非日本」が大きく異なることを強い筆致で書いている。アメリカ人にとっては、「空想の日本」であった《蝶々夫人》の主役として「本物の日本人」がやってきたのである。本物の日本人は、空想の日本人そのものだった。野口はその実態を、具体的に描写した。その上で、アメリカでの成功のためには自身を改造する必要があり、涙の物語があったにちがいないと書いたのである。読者はどう読んだだろう。芸（仕事）のためなら離婚し、再婚し、夫に仕えずに（日本人女性にふさわしくなく）自由に振る舞う三浦環が、アメリカ人に気に入られるために日本文化を曲げ、自身を改造して現地に合わせた。それは悲劇である、と受け止めたのではないだろうか。

ところで野口のこの記事には彼の個人的な背景がある。一八七六年のフィラデルフィアにおける建国百年記念万国博覧会、一八九三年のシカゴ世界博覧会等を通して、アメリカでは日本風の家具が流行したり、日本に関する小説が流行したりするジャポニズム・ブームが巻き起こっていた。その中にあって、とりわけ日本女性に関する物語は、大衆読者層に浸透していた。アメリカで文筆家として身を立てようとしていた野口は、一九〇〇年頃、生活に窮していたらしい［堀　二〇一二］。そんな野口が一旗上げようと書いたのが、『日本少女のアメリカ日記』という大衆小説だ。当時、日本女性を主人公とした小説は「売れる」ことが確約されていたからである。一九〇一年一一月、この小説は野口の名前ではなく、「朝顔」という日本人女性を思わせる筆名で月刊誌に発表された。

野口が『日本少女のアメリカ日記』を書いた動機には、先に言及したロングの『蝶々夫人』（一八九八）の人気、ベラスコの演劇『蝶々夫人』（一九〇〇）の大ヒットがあることは間違いない。しかし「朝顔」としての野口は、巷で流行している小説に登場する日本女性が「ばかにされている」と怒り、朝顔に反論させた。つまり、日本のことをよく知らない外国人の男性作家や日本人になりすました中国人が小説を書いているから内容がめちゃくちゃで、日本人の主人公が青い眼だったり、冬の着物の上に夏の羽織を着ていたりすると嘆き、自分こそが「ほんとうの」日本小説を書くのだ、と朝顔こと野口は言う［野口　一九〇五］。「日本女性」である自分なら、

「現実の」日本女性の物語が書けるだけでなく、アメリカ人の誤解を解くことができると主張したのである。野口の小説には、当時のアメリカにおける日本女性小説ブームに便乗しようとする目論見と、そのブームの内容に対する強い憤りが、相容れないかたちで表れていた［山口二〇〇七］。何より、異国の地で生きようとする野口が、《蝶々夫人》が作成されるまさにその現場にあって、西洋人の「誤解」に対して孤軍奮闘していたことが、その後の世論を先取りしている。

野口が一九一九年に三浦環と出会ったのは、この『日本少女のアメリカ日記』を日本で邦訳出版し、世界的詩人として名を馳せ一〇余年を経た野口が再び訪れたシカゴでのことだった。朝日新聞への報告は、愛憎半ばした「いわくつき」だったのである。

政治的背景と自己主張——大正から昭和へ

野口が寄稿した一九一九年は第一次世界大戦のおわりの時期であり、いわずもがな、日本は軍事力を増強して国力の拡大路線をあゆんでいた。そのさなかにあたる一九二五年八月二八日の読売新聞の記事は過激だ。記事の配置も、紙面上方の目立つ位置。見出しの文字も大きく「まづ眞實を傳へよ　日本は知られなさ過ぎる」と、読者を煽る。そして本文は、「英國海軍通バイウオーター氏の新著「太平洋戰爭記」が近時著しく吾が讀書界の注目を惹きつつあるは遍く世人の知る通りである。」と始まる。日本のことを題材にした作品についてである。この話に続けて「小説におけるロテイの「お菊さん」歌曲におけるプチーニの「お蝶夫人」からして今の日本人とはあまりに大差ある述作」と、《蝶々夫人》を例にあげ、これらを総じて「國民の眞相を如實に傳へてゐるかどうかは疑問の節がある」と断罪する。そして「眞實を語るもの出でよ、そして其のための努力を惜しむな」と記事を締めくくるのだ。ここからは、一九二五年当時、「正しい日本」がヨーロッパ諸国に理解されていないという感情が広がっていた、もしくは少なくとも、その見解が読者に受け入れられていた、という状況が読みとれる。話題の主題としてではなく、既知の例として《蝶々夫人》に言及するこの記事は、日本が「欧米に誤解されている状況」を積極的に打破しようという気概を表出している。

一九三〇年五月、この機運の高まりにのって「日本製」の《蝶々夫人》が上演された。それは一九二〇年に山田耕筰（一八八六－一九六五）が設立した日本楽劇協会の主催公演で、蝶々夫人役を歌ったのは、当時NHKラジオの放送オペラにレギュラー出演していた松平里子（一八九六－一九三一）だった。公演に先駆けて稽古の様子も報道された。公演五日前の記事には次のように記される。

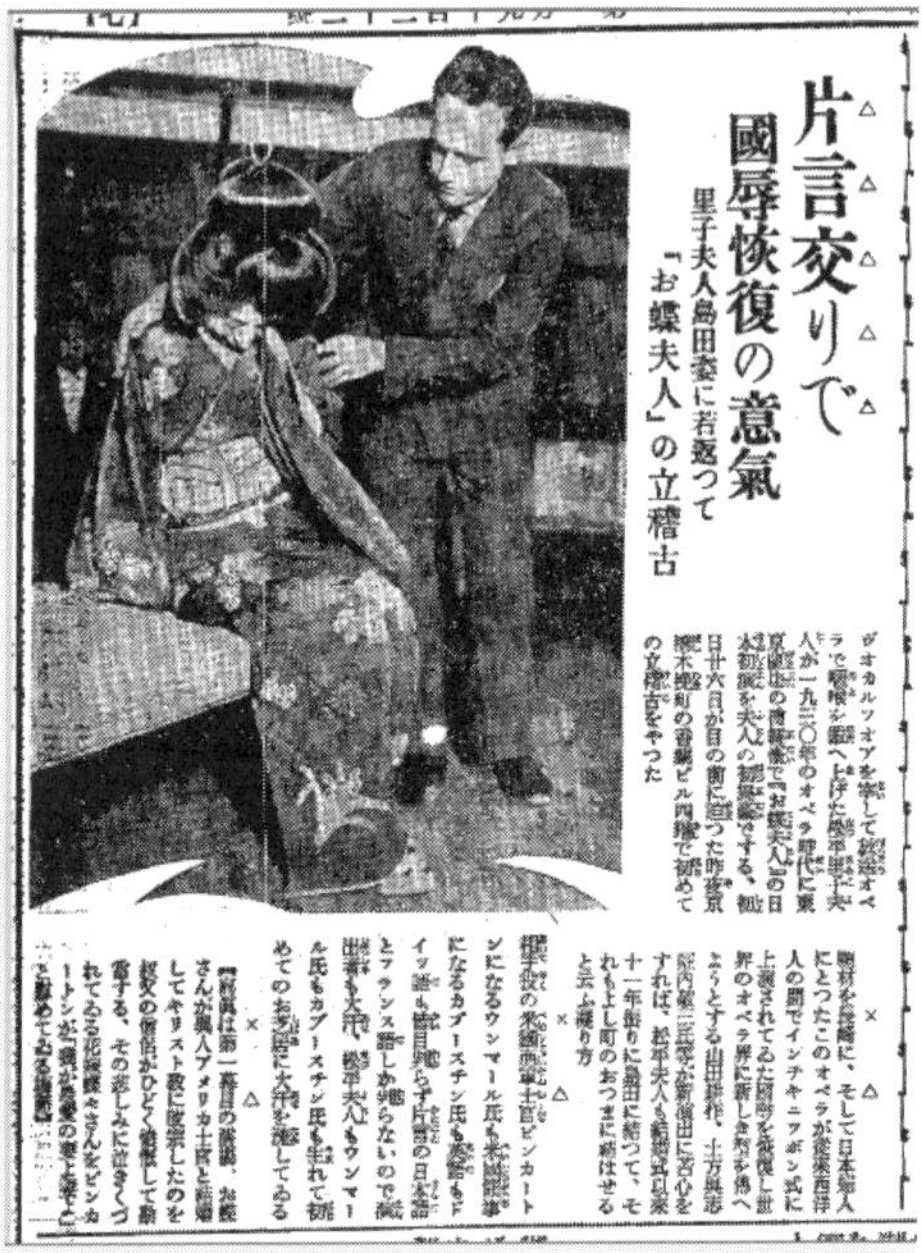
片言交りで
國辱恢復の意氣
里子夫人島田妻に若返つて
「お蝶夫人」の立稽古

1930年5月21日読売新聞

題材を長崎に、そして日本婦人にとつたこのオペラが従來西洋人の間でインチキニッポン式に上演されてゐた國辱を恢復し世界のオペラ界に新しき型を傳へようとする山田耕作、土方與志、堀内敬三氏等が新演出に苦心をすれば、松平夫人も結婚式以來十一年振りに島田に結つて、それもよし町のおつまに結はせると云ふ凝り方

一九三〇年五月二一日　読売新聞

《蝶々夫人》の主人公である蝶々さんは、いくばくかの解釈の余地があるとはいえ、駐在アメリカ軍人に現地妻として金で買われ捨てられる、という役柄である。その主人公の在り方や日本の描写が「日本の常識」とは異なるということを「国辱」として理解し、「正しい演出」を世界のオペラ界に提示する。現在にいたるまで引き継がれる系譜のはじまりがこの上演にある。公演後の批評はいくつも掲載された。朝日新聞に掲載された音楽評論家の牛山充（一八八四

一九六三）の評を一部引用しよう。

（これまでのものは）外国人の解釈故邦人の目には甚だしく奇異に感ぜられる物を含み、一般の同感を得難い演出であった。日本樂劇協會の第四回興行として廿六日より廿九日まで東京劇場において上演される『お蝶夫人』はこれ等の欠陥を除き、大體を實質的にして三十年前の長崎と、そこに展開される内外人の愛のかつ藤を極めて自然に演出しようとして注意すべき成功を収めたものといへる。

一九三〇年五月二八日　朝日新聞

近衛秀麿によるハリウッド映画『マダム バタフライ』の改訂計画

日本国内で抱かれ始めた作品に対する「違和感」と、それに対する行動。第二次世界大戦までの一つの頂点となるのが、近衛秀麿（一八九八―一九七三）とアメリカのパラマウント社とのやり取りを報じたものだ。問題となるのは一九三二年に制作され、一九三三年に公開されたハリウッド映画『マダム バタフライ』である。この映画は当時全盛期にあったハリウッドの大手映画会社パラマウント社が、マリオン・ガーリングを監督、当時の人気スターであるシルヴィア・シドニーを蝶々さん役、ケイリー・グラントをピンカートン役として制作したものであった。日本では一九三三年三月一日、大阪松竹座で封切られた。公開一週目の観客動員数は当年度最多、一ヵ月のロングラン上映となった。しかしその一ヵ月後の東京での上映は不人気のまま終わる〔中村　二〇一三〕。

　そこに浮上したのが、新たに映画を製作し直すという案である。一九三四年四月二〇日の読売新聞には、「環さんを主役に　バタフライ映畫化　大和文化顯揚と振興會乗出す」という見出しで記事が掲載された。記事は、「日本文化《ほんぶんくわ》の海外顯揚《かいぐわいけんやう》という大旗《はた》を掲《かゝ》げて去《さ》る十八日盛《せい》大に發會式《はつくわいしき》を擧《あ》げた國際文化振興會《こくさいぶんくわしんこうくわい》ではこれはまた途轍《とてつ》もない面白《おもしろ》い計畫を發表《はつへう》した」と始まる。「日本精神《ほんせいしん》にふれた新《あたら》しい角度《かくど》から映畫化《えいぐわくわ》」するとして、その当時帰国中だった画家の藤田嗣治（一八八六―一九六八）を監督、三浦環を蝶々さん役、その他の俳優もすべて日本人を配する計画であった。さらにこの計画には外務省文化事業部、鉄道観光局なども大々的にかかわっており、「これが旨くゆけば今《こん》後どし〳〵この種《しゆ》のものをつくつて世界《せかい》にデビューしてアツと云《い》はせるといふ」として記事をしめくくっている。

　さてこの映画の企画については、各紙が何度も報じている。計画から三年経過した一九三七年六月二七日の読売新聞でも、「蝶々夫人の國粹版　屈辱場面を一掃する　近衛子の改作上映　抗議に目覺めたパ社」との見出しで、「現代躍進《やくしん》日本人の眼《め》からみれば多くの不満があり數々の屈辱《くつじょく》的場面をもつ、この不満を、この屈辱《くつじょく》を一掃して眞の日本に即《そく》した『蝶々夫人』を世界《かい》に紹介《せうかい》して誤《あやま》れる日本への認識《にんしき》を正し併せて眞の日本の姿《すがた》を知らせよう」と意気込みが報じられている。この計画は、山田耕筰の弟子であり、当時すでに新交響楽団等でひろく活躍してい

蝶々夫人の國粹版

屈辱場面を一掃する
近衛子の改作上映
抗議に目覺めたパ社

主役には日本女優を
近衛子が出した條件色々

兄貴にも自慢してやる
朗らかに語る近衛子

留守宅へ轉げ込んだ寶船
長距離電話もどかしく"親分"語る大麻さん
"小橋市長"は週末旅行

集れ、と號令強盗
宵の四谷で悠々稼ぐ

金語樓 柳橋 正藏 名人會 三龜松 雲月 貞山

増給の叫び飛火
三等郵便局
織子扱ひの

1937年6月27日の読売新聞

た近衛秀麿が中心となっていた。この記事の日付が、盧溝橋事件の直前であることは言うまでもないが、第二次世界大戦という社会背景とも相まって、「違和感」が、「日本としての主張」へと劇的に変化していく様子が明らかである。記事には「先年同映畫《えいぐわ》會社の手で製《せい》作されたシルヴィア・シドニー主演《えん》の『蝶々夫人』が示《しめ》した日本への認識《にんしき》不足はこの映畫《えいぐわ》によつて解消される」と書かれ、「かねがね此オペラが眞の日本を理《り》解せずに作られた大和撫子の誇《ほこ》りを蹂躙するものであるといふ憤滿《ふんまん》をもつてゐた近《この》衛氏は席《せき》上語《ご》を強めてその認識《にんしき》不足の點《てん》を指《し》摘した」とある。

しかし、この改訂版映画製作は実現しなかった。そうして日本は、アメリカをはじめとする国ぐにに敗戦する。戦前、戦中をとおして文化を「牽引」した面々が、その後の激変のなかで翻弄されていった諸々については、ここであらためてふりかえるまでもないだろう。

日本人による「正しさ」の希求

第二次世界大戦後まもなく、一九四八年の藤原歌劇団の公演で、演出家青山圭男（一九〇一～一九七六）が「日本人が観ても違和感のない」舞台を念頭に、原作のト書きに手を加えて演出した。明治中葉の日本を忠実に再現した演出は好評を博し、青山は日伊合作映画『蝶々夫人』

（一九五五）の演出助手を務める。さらには一九五八年、ニューヨークのメトロポリタン歌劇場で演出し、大成功をおさめた。青山版の《蝶々夫人》は定番となり、その後一九六〇年代を通じ、繰り返し上演されることとなる。日本舞踊橘流の名取でもあった青山は、オペラ歌手に細かな演技指導をしたという［気谷　一九九八、小石　一九九八］。国内でも七〇年代まで、青山の演出は藤原歌劇団のスタンダードであった。こうした情況を背景に、新聞報道は海外で活躍する日本人に関する記事、そして日本における公演に関する記事を中心に展開される。

大町陽一郎（一九三一―　）は、ウィーン国立歌劇場で初めてオペラを指揮した日本人だ。ウィーンだけでなく、ベルリンフィルなど世界の名だたるオーケストラを多数客演しており、一九八〇年代にはケルンの日本文化館長として両国の文化交流を担当した。ウィーン国立歌劇場が初の日本人指揮者に任せた演目は、やはりと言うべきか《蝶々夫人》であった。大町のウィーン公演にまつわる報道をいくつか紹介しよう。

朝日新聞の一九八〇年一月四日付の記事は、ウィーン国立歌劇場がベルリンのそれよりも上に格付けされていると記述することから始まる。オーケストラだけの演奏会の指揮には小澤征爾や岩城宏之の例があるが、「オペラまでは日本人がなかなか入り込めなかったのが実情だ」と、本場のオペラを指揮することについて、その重大性が解説される。そして大町の言葉を引用する。「プッチーニのこのオペラには、日本の地名が誤った発音で台本に取り入れられた部分がある。

あり、こんどの公演では日本人指揮者として、できるだけ正しい読み方に直してもらうつもりだ」。公演が終わり好評を得た後、五月七日には大町自身による寄稿が掲載される。「日本を舞台にしたプッチーニのオペラ『蝶々夫人』は真の日本の姿を紹介していないと言われてきた。確かに外国のオペラハウスで見る『蝶々夫人』は日本人の目からみると滑稽なことが多い。場所は長崎なのに、海の向こうに富士山が見えたり、芸者たちが胸もあらわにはだけて着た着物が全員左前だったり、日本の男たちが両手を前で組んで中国風におじぎをしたりする」と、一般的な指摘をしたうえで、指揮者ならではの見解を示している。以下に引用しよう。

このオペラには日本語がたくさん出てくる。長崎大村やスズキ、蝶々さんのほか、円、芸者、ミカド、ホトケ、神、猿田彦の神、いざなぎ、いざなみ、天照大神、仲人、帯、障子といった言葉である。だれが教えたのか、聞き取る時に間違えたのか、それらの発音が間違っているのが面白い。たとえば、天照大神がテンショーダーイ。きっと台本作家がアマテラスオオミカミでは長いので、短い読み方を日本人に聞いたのだろう。猿田彦の神をサルンダシーコ、イザナギ、イザナミというべき所は、イザギ、イザナミとなってナが抜けてしまっている。間違って書き取ったらしいが、プッチーニが音符をイザギで書いてしまっているので、イザナギと正しくしようにもできない。今回のウィーン国立歌劇場での客演で、直せる所は直して上演したのだが、今まで誰もこの間違いを指摘しなかったのも、ウィーンでの「蝶々夫人」は、私が最初の日本人指揮者だったのだから無理もないことかもしれない。オペラというものは難しいものだ。

一九八〇年五月七日　朝日新聞

実は大町は、ベルリン国立歌劇場で客演した一九七七年一月にも同様の指摘を寄稿している。実際には、音符との組み合わせや韻の問題、また原語であるイタリア語と翻訳されたドイツ語等の問題もあり、台本そのものを「修正」する作業は単純ではなかったようである。日本人指揮者が指揮をするのが初めてだから問題が放置されていた、と大町が述べているように、このような作曲家の「勉強不足」による問題は《蝶々夫人》が特別なのではなく、他の作品でも起こりうる問題であるが、それらはもしかすると、「真実」を知る者によって「訂正」が都度加えられるというヨーロッパの常識があったからなのかもしれない。とすれば、《蝶々夫人》には指揮者による訂正が七〇年以上放置されたということにもなる。

ミラノのスカラ座に日本人歌手として初めて出演したのは林康子（一九四三―　）である。朝日新聞に掲載された彼女のインタビュー記事は印象的だ。以下、引用しよう。

よく日本の年配の人びとから「日本女性が外人のおめかけになるオペラを歌って、抵抗はないか」と聞かれる。「まったく抵抗はない。蝶々さんは、〝死ぬことによって勝つ〟んだから」と答えることにしている。終焉で蝶々さんは、父譲りの短刀をノドに当てる。短刀には「誇りをもって生き逃げられない者は誇りをもって死ぬ」と彫ってある。「一番緊張する場面です。仏像の前にすわって――と指定してある。ところが往々にして、この仏像が、はだかのホテイさんだったりする。これではすべてがぶちこわしです。日本のことをなんにも知らぬ人が装置をつくったり、演出したりするんだから」（中略）「プッチーニが感じた日本は、日本そのものじゃないけど、だからでたらめでいいってことにはならない。そういうことがわかった上で日本人がしっかりした演出をすれば、全世界に通用するはずです」経済の高度成長をやってのけた日本の男に負けないよう「文化大使のつもりで歌っている」となかなかの愛国者でもある。

一九八一年七月九日　朝日新聞

この記事で注目したいのは、林のセリフではなく、インタビューを編集する記者の目線である。記者がストーリーをあらかじめ作って記事を書いていることがありありとわかる。高度成長が一段落した八〇年代における特徴的な記事だともいえよう。

浅利慶太演出によるミラノ・スカラ座公演

満を持してと言うべきだろう。一九八五年一二月、ミラノ・スカラ座において、劇団四季の浅利慶太（一九三三〜　）による演出で、日本人による「正しい《蝶々夫人》」の上演が実現する。ミラノ・スカラ座といえば、一九〇四年に《蝶々夫人》が初演された劇場であり、言わずもがな、世界に名だたる由緒ある劇場である。そのスカラ座に、初めての日本人演出家として起用されたのが浅利慶太であった（それまでには、一九五一年に藤田嗣治が舞台美術と衣装を担当、一九七二年に林康子が蝶々さん役で出演している例がある）。

この時の何よりの特徴は、演出家が初の日本人であるだけでなく、舞台装置も衣装もかつら類も照明も振り付けも日本人が担当したことだ。現地入りした日本人スタッフは一五人にのぼる。着物も、帯も、足袋も、ぞうりも、くしも、手ぬぐいも、日本から運び、端役も現地の日本人留学生を起用、召使のスズキ役を歌う韓国人歌手には東京で所作指導を行ったという徹底ぶりであった。

まるで銀閣寺の庭のような白い砂利が敷き詰められた舞台で、蝶々さんとピンカートンの新居となる部屋の障子を、丁寧にはめていくところから上演は始まる。色とりどりの和傘を持った蝶々夫人の友人たちの入場にも、エキゾチックな華やかさはない。縁に腰掛ける仕草もしとやかに、最後の自死の場面は、白い死に装束となる。胸に刺した短刀は紅白の扇子で、その赤い面を上にして少しずつ扇子を広げることにより、血の流れる様子を表現する。それと同時に、鮮血の色をした布が、黒子によって舞台に現れる仕組み。文楽や能の手法を巧みに取り入れた

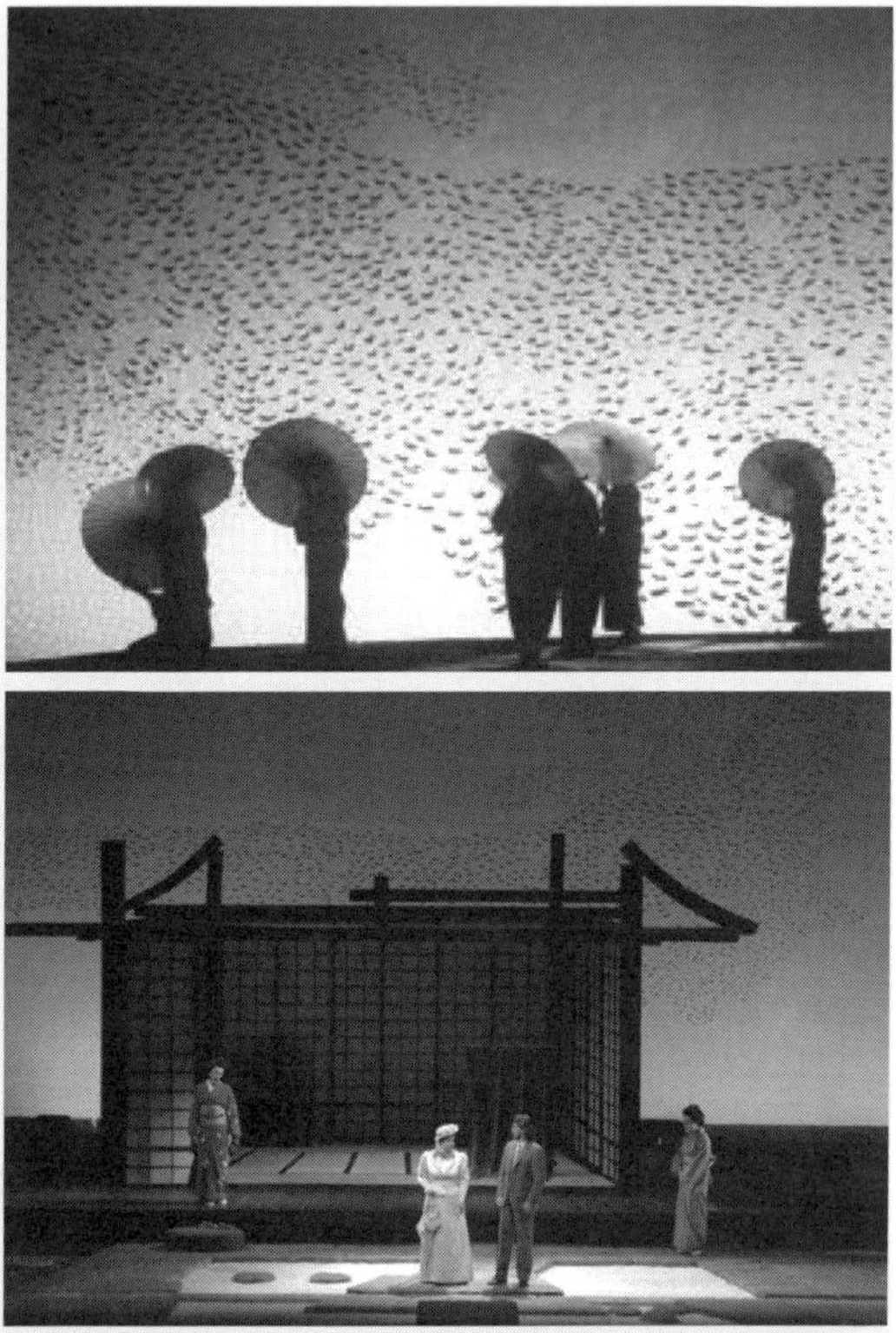

1985年、ミラノ・スカラ座における《蝶々夫人》の上演場面
© LELLI&MASOTTI

演出であった。
　上演後、大成功が報じられる。一九八六年一月一〇日の朝日新聞では、「日本は今度はオペラまで輸出することになったのか」という書き出しで音楽評論家の高崎保男（一九三〇—　）が評した。

　単に日本を舞台にとった、「プッチーニのオペラ」であるはずの〈蝶々夫人〉の真正の表現に、「日本人として何をし得るか」を明らかにした、みごとな成果をおさめたのだった。（中略）浅利

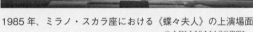

の演出は、単なる異国趣味をはるかに超えたところで、このドラマの純粋に日本的な所以とそのすがたを正しく伝えるのに成功したのはもちろんだが、むしろそれ以上に、舞台の上に展開される詩情とイマージュの類まれな美しさ、日本の伝統演劇の手法を縦横に活用しながら、プッチーニの精妙な音楽の特質と美をみごとに表現し得たところに、成功の真因があったといってよい。「我々は初めて、真の『日本の悲劇』とよぶに適わしい〈蝶々夫人〉に接した」と、イタリア各紙の評は予期以上の絶賛を連ねている。そのすばらしい成果が、今から八十二年前にこのオペラを初演したミラノ・スカラ座の舞台で実現したことは、いちだんとかけがえのない意義をもつ。

一九八六年一月一〇日　朝日新聞

再確認するまでもなく、オペラの主人公が「愛のために死ぬ」のは、蝶々さんが日本人だからではない。一九世紀のオペラの典型的なパターンである。高崎はその前提に言及した上で、浅利の仕事を分析し、イタリアでの「西洋の」反応についても伝えている。浅利はイタリアの同年のアッビアーティ賞で最優秀演出家賞に選ばれ、翌年にはスカラ座での六回に及ぶ再演が決まる。そしてこれは、《蝶々夫人》の日本人演出のスタンダードとなった。後に続く例としては、一九九〇年のフランス・リヨンにおける上演等がある。リヨンでの演出は吉田喜重、装置が磯崎新、衣装が山本耀司、照明は田原桂一。ミラノの時と同じく、いずれも映画、建築、ファッション、写真の各分野で国際的に活躍する面々であり、日系三世のアメリカ人、ケント・ナガノが指揮をした。

ところで、このような「日本人演出家による公演」は、何を意味するのだろうか。日本人が作る公演としての「正しさ」は、日本人が演出し、日本人が歌うだけでなく、日本から大量の人・モノを運び込むことによって実現された。物質的なモノだけではない。「所作」もまた、日本から運ばれた。これは青山圭男が日舞の所作をメトロポリタン歌劇場に持ち込んで以来の手法であった。西洋人の認識による「日本らしさ」は、日本人のわたしたちが持つ「日本らしさ」とは異なる。そしてわたしたちは、わたしたちの「日本らしさ」を意図的に創造する。重要なのは、わたしたちは、わたしたち自身が創造したものを「日本らしさ」だと感じ、また、わたしたち自身を「見世物」として「そのまま」西洋に運び込んだという点である。これは、一八五〇年代以降ロンドンやパリをはじめとして西欧各地で幾度も開催された万国博覧会における日本の展示物の手法と、なんら変わらぬものではないだろうか。

1867 年の第２回パリ万国博覧会では、茶店とともに「３人の芸者」が出展された。
［The Illustrated London News No. 1455, suppl. 1867, p.541］

そもそも《蝶々夫人》はイタリア・オペラなのだから、作品の舞台である日本は「作られたイメージ」でこそ「正しい」のであって、「正しい」日本を持ち出す必要はないのか。それとも、プッチーニは間違っていたのだから、われわれ日本人が作品の舞台である日本を「正しく理解させるべき」なのか。この対立は、いったい何なのだろう。

ここでいまいちど、果たして《蝶々夫人》が西洋対日本という二項対立に当てはまるものなのか、問い直してみたい。ひとつの例として音楽評論家の吉田秀和（一九一三─二〇一二）による、スカラ座での浅利演出に対する評論を引用しよう。一九八七年六月一八日朝日新聞に掲載された評論は次のように始まる長文である。

「日本は自分たちの文化をもっと積極的に世界に送り出すべきだ」などというけれど、実は日本文化は現代世界の形成に否応なしに深く組み込まれているのだ。このごろは外国を旅行するたび、それを痛感する。

一九八七年六月一八日　朝日新聞

そして吉田は、「彼（浅利）はこの曲を『日本と西洋の文化の衝突が生んだ悲劇』と呼ぶ」と、違和感を書いた上で「男の好色な気まぐれの犠牲になった少女の悲しみと絶望が誇り高い自決に導くという話はアメリカ軍人と日本娘の間でなくとも、いつもどこでもあった話だ」と述べる。先に引用した高崎も指摘していた「前提」である。ではなぜ、浅利が日本対西洋という図式を強調したのかについて、吉田は、「日本文化という長い歴史をもつ複雑な有機体をどうやって具体的全体的に舞台化するかという課題をとくことにつながる」からだと読み解く。そして、「この課題が彼の興味を強くひいたから、浅利はこの人情悲劇を二つの文化の衝突と解釈したがったのかもしれない」とする。吉田の主張は、日本文化という複雑な有機体は様式を大切にするのだ、という点である。つまり、所作や衣装といった細部にわたるこだわりを大切にする。だからこそ、そのこだわりの実現のために、日本対西洋の図式が必要だったのだ、と述べるのだ。

様式を大切にしたい、という浅利のこだわりは、それに対する世論のたかまりを受けてのもの、という側面も大きいだろう。世論は、自分が「属する集団」のものの見方で、別の集団を見る。その結果として、ヨーロッパを背景とする作品が本来描いていたものと、日本における作品の理解は、決して交わることのない自己投影イメージのすれちがいであるように思える。双方が「属する集団」の価値観に立脚して、異国の文化と「出あった」と信じているからこそ、それぞれの思う「正しい方向」に運びたいと願うのだ。そしてその時には同時に、「属する集団」の価値観をも、生成する。

「わたしたち」とは誰か。何をもって集団をくくり、つくりあげているのか。三浦環も、野口米次郎も、山田耕筰も、近衛秀麿も、大町陽一郎も、林康子も、西洋で活躍し、はざまに在る自身の存在を問うた。「報道」はどこまでも集団に属する。しかし報道を読む「わたし」は、西洋と日本を、相対する存在とするのではなく、俯瞰してながめることができる。そうすることによって、「わたしたち」ではなく「わたし」を見つめられるのではないだろうか。

参考文献

イサム・ノグチ『ある彫刻家の世界』美術出版社、一九六九。

ウィリアム・ウィーヴァー、シモネッタ・プッチーニ『評伝プッチーニ——その作品・人・時代』大平光雄訳、音楽之友社、二〇〇四。

大野芳『近衛秀麿——日本のオーケストラをつくった男』講談社、二〇〇六。

岡田暁生『メロドラマ・オペラのヒロインたち』小学館、二〇一五。

丘山万里子『からたちの道——山田耕筰』深夜叢書社、二〇〇二。

小川さくえ『オリエンタリズムとジェンダー「蝶々夫人」の系譜』法政大学出版局、二〇〇七。

後藤暢子『山田耕筰——作るのではなく生む』ミネルヴァ書房、二〇一四。

気谷誠「蝶々夫人を〝演じた〟男　青山圭男」、『芸術新潮』一九九八。

小石新八監修・新国立劇場情報センター編『青山圭男と「蝶々夫人」』日本芸術文化振興会、一九九八。

佐野勝也「藤田嗣治の舞台美術作品　一九五一年スカラ座『蝶々夫人』に関する一考察」、『美術史』63（1）、二〇一三。

佐野勝也『フジタの白鳥――画家藤田嗣治の舞台美術』エディマン、二〇一七。

中村みどり「一九三〇年代上海におけるハリウッド映画『マダム　バタフライ』の受容」、『文化論集』41・42合併号、二〇一三。

永竹由幸監修『ＤＶＤ決定版　オペラ名作鑑賞　蝶々夫人』（ロリン・マゼール指揮、浅利慶太演出、林康子主演、ミラノ・スカラ座管弦楽団・合唱団、一九八六年）世界文化社、二〇〇八。

南条年章『プッチーニ』音楽之友社、二〇〇四。

野口米次郎『邦文日本少女の米國日記』東亜堂、一九〇五。

羽田美也子『ジャポニズム小説の世界――アメリカ編』彩流社、二〇〇五。

林洋子『藤田嗣治 作品をひらく――旅・手仕事・日本』名古屋大学出版会、二〇〇八。

藤田由之編『音楽家近衛秀麿の遺産』音楽之友社、二〇一四。

星野文子『ヨネ・ノグチ――夢を追いかけた国際詩人』彩流社、二〇一二。

堀まどか『「二重国籍」詩人野口米次郎』名古屋大学出版会、二〇一二。

森岡実穂「ハイブリッドとしての蝶々夫人――Ｄ．パウントニー演出《マダム・バタフライ》における歴史を再構築する眼――」、黒田弘子、長野ひろ子編『エスニシティ・ジェンダーからみる日本の歴史』吉川弘文館、二〇〇二。

森岡実穂「プッチーニ《蝶々夫人》における「日本」の政治的表象とジェンダー」、氏家幹人他編『日本近代国家の成立とジェンダー』、柏書房、二〇〇三。

山口ヨシ子「「マダム」・バタフライをこえる試み――ヨネ・ノグチの「ミス」モーニング・グローリー」、『人文研究：神奈川大学人文学会誌』一六二、二〇〇七。

Vittoria Crespi Marbido, Pino Marras, *Tsuguharu Léonard Foujita: al Teatro alla Scala di Milano*, 2007

新聞データベース

聞蔵Ⅱビジュアル for Libaries 朝日新聞縮刷版（一八七九〜一九九九）（一九八五〜現在）

毎日新聞社のデータベース、毎日新聞記事検索、毎日新聞紙面検索（一八七二〜一九九九）（一八七二〜現在）

ヨミダス歴史館　読売新聞紙面イメージ（一八七四〜一九八九）読売新聞記事テキスト（一九八六〜現在）

扉絵

右：一九五一年スカラ座での《蝶々夫人》のための藤田嗣治による衣裳デザイン草案。第二幕、第三幕の蝶々さんのもの。二〇〇七年の展覧会カタログ表紙より。

上：一八六七年パリ万博における清水卯三郎による「水茶屋」の展示。檜造りの六畳で、土間もあった。Illustrated Historical Register of the Centennial Exposition 1867 より。

お寺と鳥居——日本近世・近代における「神道」の成立と「宗教」

置田清和

「お寺の敷地にどうして鳥居があるのだろうか?」このような疑問を持たれた方は多いのではないだろうか。例えば紅葉で有名な天台宗門跡寺院の毘沙門堂（創建七〇三年、現在京都市山科区所在）では、毘沙門天を祀る本堂のすぐ脇にいくつもの鳥居があり、その奥には神道の神々が祀られている。何故お寺の敷地で神道の神々が祀られているのだろうか。逆のパターンとして伊勢神宮では、金剛證寺（創建六世紀半ば）という臨済宗のお寺が鬼門を守る奥之院として存在する。何故仏閣と神社がこのように併存しているのだろうか。これらの施設はそれぞれ仏教、神道という異なる宗教に属するはずであり、別々に存在すべきではないのだろうか。

われわれは神道というと外来ではない日本独特の土着伝統であると思っているが、一八〜一九世紀以前「神道」は独立した伝統としては存在しなかった。「神道」という言葉は、奈良時代（八世紀）に中国から伝わった儒教、仏教、道教の文献にすでに散見され、これらの文献において「神道」という言葉は人間の行為と比較した神々の行為を意味した。鎌倉時代（一二〜一四世紀）になると「神道」の意味が変化し、神々の行為から人間の神々に対する行為、つまり礼拝を指し示すようになる。この時代には、仏僧が仏典を用いて地元の宮に祀られた土着神を崇拝しており、神を祀ることは仏教の一部として捉えられていた。たとえば現在、われわれが神道における女神であると理解している天照大神《アマテラスオオミカミ》は、中世においては大日如来の化身（テンショウダイジン）として理解されていた。また、一六世紀には儒教者が『易経』に見出される「神道」という表現に基づき、神道は儒教の

京都府山科区にある天台宗の門跡寺院毘沙門堂（本堂）

一部であると主張した（Josephson 2012; Kuroda 1981）。このように、一七世紀以前の神道は仏教、儒教から独立し組織化された伝統としては存在していなかった。

　ところが、一八世紀になり本居宣長（一七三〇―一八〇一）による古事記の研究などによって国学が盛んになると、儒教・仏教伝来以前に日本独自の文化が存在したという考えが広まり、本居の門人であった平田篤胤（一七七六―一八四三）は「復古神道」を唱え、儒教・仏教的要素を排斥した日本古来の信仰形態を追求した。このようにして、一七世紀以前には儒教、仏教の一部であった神道が、国学者によって独立した伝統として「創造」されたのである。さらに一九世紀になると明治政府は国学者らによって創造された神道を基に天皇制を中心とした国家神道を作り上げ、「日本人」としての自己意識形成のために国民の教化を進めた。その政策の一部として発行されたのが神仏分離令（一八六八）であり、神道と仏教の分離が国策として展開された。その結果、廃仏毀釈運動が起こり、仏像や仏閣が破壊されるという社会現象が発生した（Josephson 2012: Kuroda 1981）。

　このような神道の発展と並行して起こったのが、一九世紀における「宗教」という訳語の成立である。一八五三年のペリー来航以来、西洋諸国はキリスト教禁止で知られる幕府に対して“freedom of religion”の保証を求める交渉を進めた。西洋諸国が日本に開国を求めたのは、たんに交易における利潤の追求のためだけではなく、キリスト教の布教も開国の重要な目的の一つであったからである。ところが、当時“religion”という概念は日本語には存在せず、さまざまな訳語が案出された（Josephson 2012）。われわれが現在使う「宗教」という訳語は一八六八年に初出し、ここで訳されている“religion”は一九世紀の欧米のプロテスタントにおける信仰理解が基盤にある。

　英語の“religion”はラテン語の名詞“religio”、形容詞“religiosus”そして副詞“religiose”に由来するが、これらの言葉は古代ローマ、初期キリスト教においては儀礼の遂行に関わる表現において使用された。中世キリスト教世界では生活習慣に関わる言葉として、修道生活を指すようになるが、行為が“religion”という概念の中心であることに変わりはなかった。ところが一六世紀の宗教改革において、ツウィングリ（一四八四―一五三一）やカルヴィン（一五〇九―一五六四）などのプロテスタント神学者たちは、儀礼などの行為ではなく、主に敬虔さなどの心的状態、信仰を中心として宗教を理解した（Smith 1998）。

　日本語の「宗教」はこのようなプロテスタントにおける“religion”の理解を基盤として創造された。従って特定の「宗教」は礼拝などの行為によってではなく、信仰の対象と教義によって定義されることになり、ここから異なる宗教は相互に排他的である、

本堂の脇に佇む鳥居とお社

という現代の我々の宗教理解が発生する。天照大神《アマテラスオオミカミ》を崇拝するのが神道、釈尊を崇めるのが仏教であり、天照大神は釈尊ではないのだから、これらの宗教は互いに異なる伝統である、という感覚である。

このように日本における「宗教」の歴史をひも解くと、「神道と仏教が別々の宗教である」という理解自体が近世、近代の産物であり、西洋との「邂逅」の結果成立したこと、そして毘沙門堂や伊勢神宮に見られるような神仏習合、仏閣と神社の併存こそが日本における伝統的な信仰形態であることが認識されるのではないだろうか。

参考文献

Kuroda, Toshio. (1981). "Shinto in the History of Japanese Religion", *The Journal of Japanese Studies* 7.1.

Josephson, Jason Ananda. (2012). *The Invention of Religion in Japan.* (Chicago: University of Chicago Press)

Smith, Jonathan Z. (1998). "Religion, Religions, Religious", *Critical Terms for Religious Studies.* Mark Taylor ed. (Chicago: University of Chicago Press).

東アフリカ沿岸、インド洋に浮かぶザンジバル島。この島は、かつてクローヴ、象牙、コーパルなどの品々を求めて大海原に乗り出した商人たちが行き交う、海上の要衝であった。交易によって巨万の富を築いた、インド出身の商人兄弟をめぐる数々の邂逅を手掛かりに、港町ストーンタウンの路地裏から広がる海域世界のダイナミズムを探る。

3　連鎖する邂逅

——海を渡る商人とストーン・タウンの古びた邸宅——

鈴木英明

はじめに――ストーン・タウンを歩く

ザンジバルのストーン・タウンは人がひとり、ふたり通れるのがやっとの狭い小路が入り組んでいる。地元の人はこともなくスイスイと歩くが、観光客たちはまるで迷路に迷い込んだかのようにキョロキョロとしか歩けない、それでも道に迷う。人は余裕がないと目線の高さのものしか目に入ってこない。だから、多くの旅行者にとってそこはホテルのエントランスや土産物屋が軒を連ねているだけの狭く、古びて、汚い通りでしかない。しかし、時折、視界に入ってくる装飾の込んだザンジバルドアーと呼ばれる巨大な扉がそんな旅行者をはっとさせる。目線を上にあげれば往時の複数階建ての豪奢な邸宅のあいだに自分たちがいることに気づく。

サンゴ石をやはりサンゴで作った石灰で塗り固め、その表面をやはり石灰で真っ白に塗り上げる工法は、中世には存在していたとされる。一六世紀初頭に『アフリカ誌』を完成させたレオ・アフリカヌスとして知られるハサン・アル＝ワザーンはアフリカ大陸東部沿岸の町々が「混じりっ気のない大理石」で建てられていると記している［Leo Africanus 1896］。レオ・アフリカヌスは実際に現地を訪れることはなく、記事は伝聞に基づくと考えられるが、そうであっても、塗りたての建物はまさに混じりっ気のない大理石のように真っ白だ。さらに陽が照り返すとまぶしいくらいだ。梁にマングローヴ材をわたして複数階建てにし、ヴェランダをあしらい、豪奢なドアーを取り付けた白亜の豪邸の多くは、一九世紀、主にインド系商人たちの手によって建てられた。イギリスによる保護領統治（一八九〇年〜）、そこからの独立を目指すザンジバル革命（一九六三年）、そして、その後、大陸側のタンガニイカとの連合共和国成立（一九六四年）、こうした歴史の波にストーン・タウンがもまれるなかで、邸宅の最初の所有者たちの多くはこの島を去っていき、所有者が変わり、かつての白亜の豪邸の壁は剥げ、ところどころにカビが生えてしまっている。壁面が豪快に崩落しかけんところに巨木を差して何とかとどめているのに出くわすのも日常茶飯事だ。もはや文書館でほこりをかぶった文献、あるいは建築様式や老人たちが若いころに聞いたという話にしかその手掛かりを求めることができないが、確かに、それらの多くは一九世紀、この町の全盛期にインド系商人たちによって建てられた。

一九世紀、ストーン・タウンはまさにこの世の春を迎えていた。一八二〇年代におそらくはモーリシャス島から持ってこられたクローヴ《丁子》樹がこの島で移植に成功すると、この島は瞬く間にクローヴの世界有数の生産地へと変貌していった［鈴木 二〇一六］。同時に、「商人王」の異名を持つオマーン出身のサイード・ビン・スルターン（在位一八〇六年から一八五六年）による積極的な欧米商人誘致策も功を奏し、この島はアフリカ大陸東部沿岸髄一の集積港にも変貌していった。かのリヴィングストン探索で一八六〇年代にザンジバルを訪れたスタンレイは、

ストーン・タウンの邸宅に見えるヴェランダ

ストーン・タウンをオスマン朝の帝都イスタンブルや「世界の半分」と賞されたサファヴィー朝の都イスファハーンに匹敵すると記している［Stanley 1895］。

ややもすると、希少な香辛料の生産拠点化と統治者による商業政策をもってこの島の繁栄の基礎が語られる傾向があるが、それらを指摘するだけではあまりにも理解が浅い。それらは必要条件ではあれ、十分条件ではない。ザンジバルの繁栄を理解するためには、それらがひきつける多様な人びとの交換・交流――そこには常に邂逅が存在している――を視野に収めなくてはならない。その邂逅の具体的なあり方をザンジバルで活躍した代表的なインド系商人で、カッチー・バティヤーというコミュニティに属した兄弟ジェイラム・シヴジーとイヴジー・シヴジーの活動から考察するのが、本章の目的である。

ストーン・タウンの繁栄を邂逅という観点から読み解こうとする本章の試みは、より大きな枠組みでは、インド洋西海域世界の歴史に関係する。海の歴史が注目されるようになって久しいが、特に近年、グローバル・ヒストリーや新しい世界史への関心が高まるなかで、海の歴史はまた新たな意味を持ち出している。地球規模の視野を持つ歴史研究の二つの大きな柱は「比較」と「連関」であるが、海への注目はとりわけ「連関」に貢献する。つまり、われわれは往々にして海を「隔てるもの」として理解しがちであるが、実は、その一方で海は人びとをつなげ続けてもきた。船は他の輸送方法よりも大量にモノを運ぶことができたし、海は陸よりも移動がより自由な空間でもあった。インド洋西海域世界はアフリカ大陸東岸とインド亜大陸西岸とのあいだに広がるインド洋西海域を地理的な中心に据えながら、そこにおける交流・交換の連続体としての人びとのつながりの総体を指し示す。インド洋西海域周辺を見渡すと、熱帯雨林から砂漠まで多様な自然生態環境が海を取り巻いている。それぞれの地域で「できるもの」と「できないもの」が存在していた。ある地域にとって「できないもの」が別の地域から運ばれ、それが前者にとって生活の一部となり、多くの場合、逆方向にも同じ状況が生じることで、交易

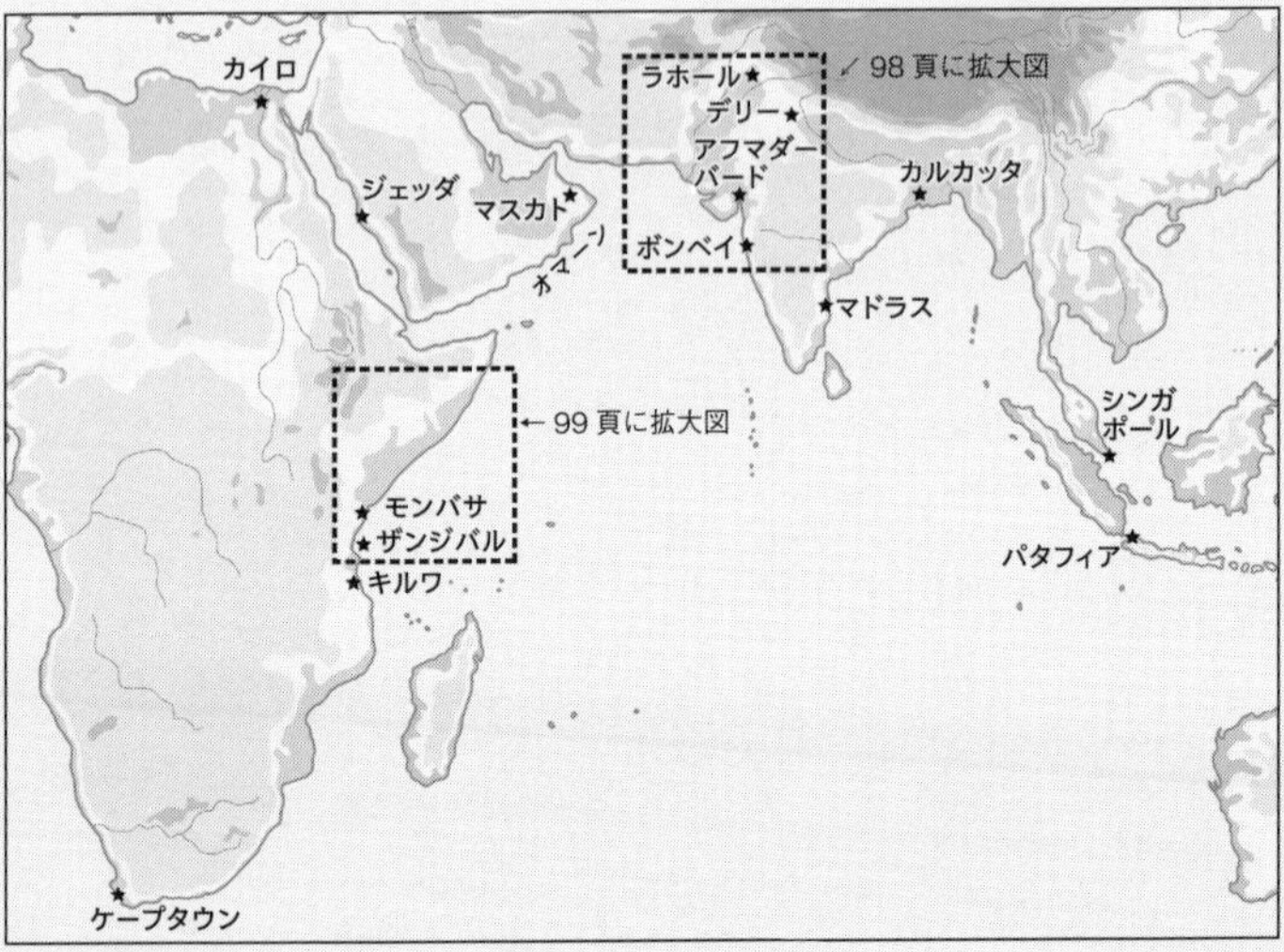

インド洋広域地図

を持続することの需要が発生する。それによって、交換と交流、そしてそれに伴う邂逅が繰り返されてきたのである。このような交換と交流、邂逅が継続することで、インド洋西海域世界と呼びうるひとつの一体性を持った歴史世界が形成されていったのであり、それが持続することで、また別の新たな交換と交流、邂逅がそこに加わっていったのである。

以上がインド洋西海域世界の構成原理だとすれば、この海域世界の具体的なあり方はネットワークで考えると理解がしやすい。ネットワークとはいうまでもなく、結節点《ノード》、結節点と結節点とをつなぐ線《ライン》、そして、その線を実際に往来する流れ《フロー》によって構成される。インド洋西海域世界の場合、結節点は港町や内陸の隊商町、線は航路あるいは陸上の隊商路、流れはヒト、モノ、情報、カネ、あるいは信仰になる。このネットワークは時間の進展とともに伸縮するし、ある結節点が――たとえば、戦災や自然災害などの理由で――こぼれ落ちることもあれば、新たな結節点が立ち現れることもある。結節点の重要性はさまざまな要素によって決まるが、そこで生じる邂逅の多寡はそうしたなかでも特に重要な要素のひとつである。

もちろん、それほど重要性を持たなかった結節点があるきっかけによってその重要性を大きく増すこともある。ザンジバルもその一例である。たとえばクローヴは先述の移植以降長らく、モルッカ諸島――あるいは香料諸島と呼んだほうがよいかもしれない――以外には大規模に生産できる拠点がほぼザンジバルに限られていた。つまり、ザンジバルには、世界中のほとんどの地域で「できないもの」があったのであり、その積出港はほかならぬストーン・タウンであった。加えて、内陸部からこの港に運ばれてくる象牙や、木製家具の艶出しなどに用いられるコーパルという樹脂も、世界中どこでも取れるようなものではなかった。それらを求めて、それらの「できない」地域から人びとが集う。そうなれば必然的に邂逅は生まれやすくなる。

こうしたインド洋西海域世界における「できないもの」の交換は、一九世紀、大きな展開を遂げることになる。そこにはいくつかの要因があるが、ひとつは海洋そのものが政治権力の支配の対象になっていく点である。イギリス本国とインド亜大陸とを結ぶ「エンパイア・ルー

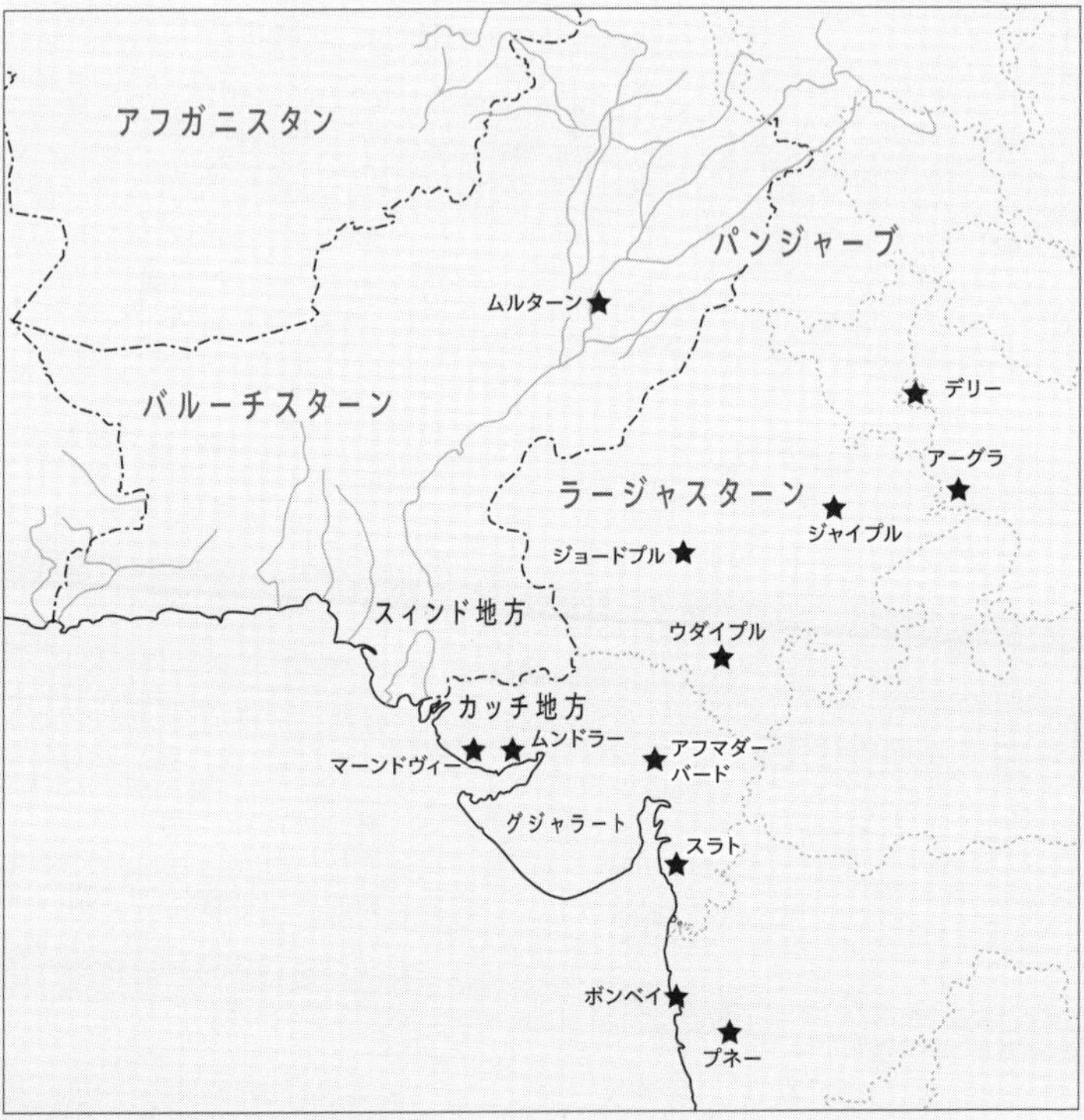

カッチ地方周辺地図

ト」はその好例であろう。一八世紀半ば、インド亜大陸をイギリス東インド会社がほぼ掌握し、この会社が従来の商業的な活動から、領域支配に重点を置くようになっていく過程で、安全、かつ迅速な本国との連絡がこれまで以上に不可欠になっていった。そのために、イギリス東インド会社は、グジャラート沖やペルシア湾における海賊鎮圧を行ったり、奴

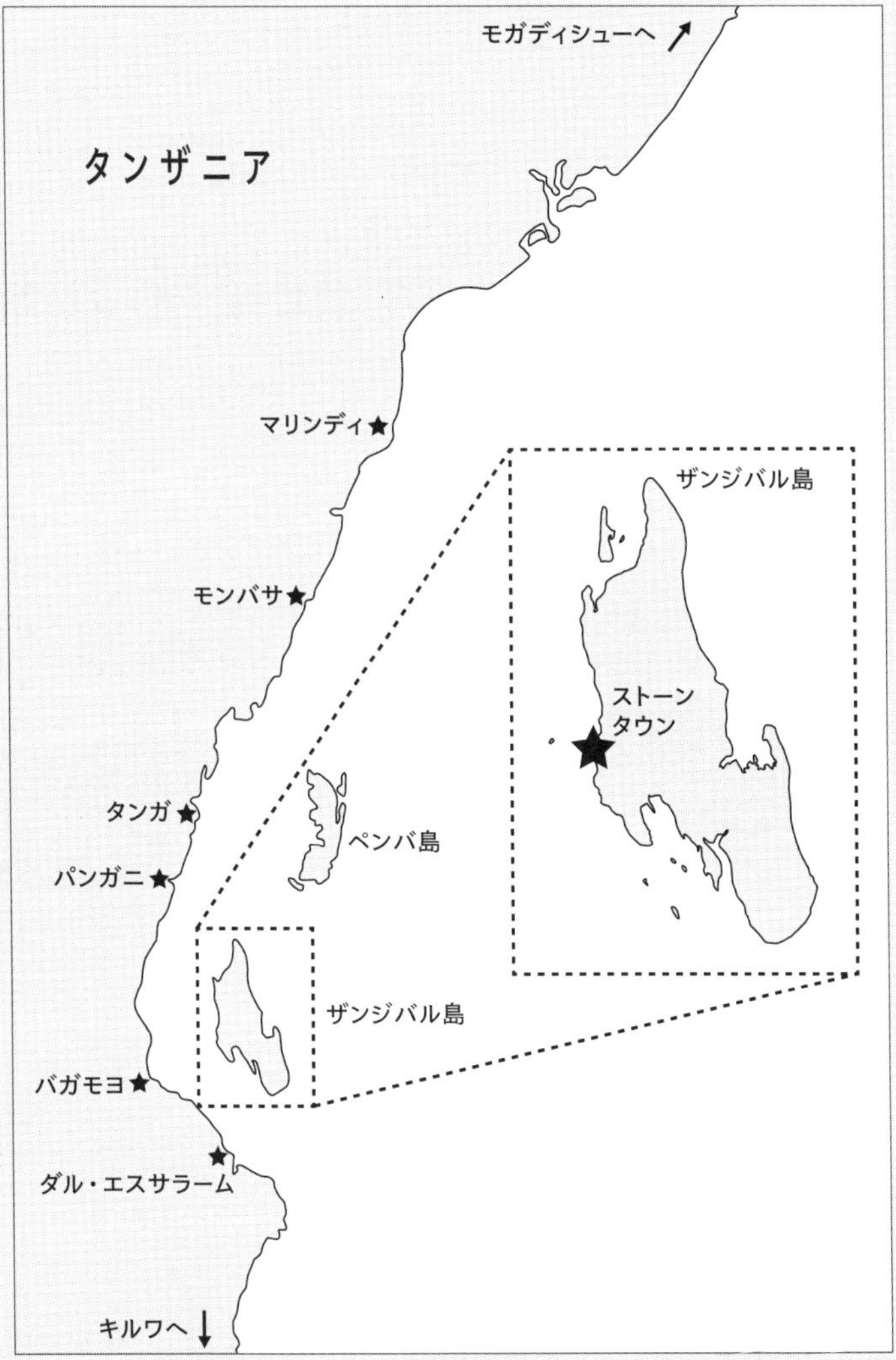
モガディシューへ
タンザニア
マリンディ
モンバサ
ザンジバル島
ストーン
タウン
タンガ
パンガニ
ペンバ島
ザンジバル島
バガモヨ
ダル・エスサラーム
キルワへ

ザンジバル周辺地図

隷交易廃止の名目で、海上交易を監視したり、ときに遮断すらするようになっていく［鈴木 二〇一〇；鈴木 二〇一五］。

従来、こうしたイギリスによる海洋支配はこの海域でそれまで活躍してきた商人集団の衰退を招いた大きな要因として考えられてきたが、しかし、現実には、この新たな秩序は彼らに新たな商機をもたらすきっかけを作ることもあった。たとえば、この時期、より安全に参入できるようになった欧米商人たちがより活発に商業活動に参加するようになる。彼らは自分たちの土地で「できないもの」を求めてやってくるのだ。彼らには現地商人の助けが必要だった。その結果、たとえば、「アメリカニ」と呼ばれる無漂白のアメリカ産綿布は特にストーン・タウンからアフリカ大陸へ広く流通したいわば「ヒット商品」になった［Brady 1950; Sunseri 2007］。

喜望峰を回ってやってくる商人のなかでもこの時代に際立つのは北米商人である。インド洋西海域世界では新興勢力の彼らは、マサチューセッツ州のセイラムのあたりの出身で、一八世紀の最末期ごろからようやくインド洋西海域のみならず、広く広州のあたりまで活動を行うようになっていく。セイラムは一般的には魔女裁判で有名な町であるが、現在でも地元のピーボディー・アンド・エセックス博物館のフィリップス図書館には彼らが言うところの「東方貿易」で財を築いた商人たちの文書が大量に保管されているし、町を歩いても、そうした商人たちの邸宅がいくつか現存している。

このように、邂逅がインド洋西海域世界を形作り、インド洋西海域世界がまた邂逅を作り出す。その邂逅の具体的な場は港町であり、この章が焦点を当てるストーン・タウンはそのひとつである。そのストーン・タウンにジェイラムとイヴジーよりも前の世代のカッチー・バティヤーがたどり着く過程で見られる邂逅についてまず、以下ではみてみたい。

海への脱出——天災と政変

さて、この章で取り上げるジェイラムとイヴジーの兄弟は、現在のパキスタンとの国境にほど近いインド・グジャラート州のカッチ地方にある港町ムンドラーで生まれた。彼らはカッチー・バティヤーと呼ばれるヴィシュヌ派のヒンドゥー教徒であり、クシャトリアのコミュニティの出身である。カッチー・バティヤーの祖先はラージャスターンのあたりで単に「バティヤー」と呼ばれており、農耕と商業とを生業にしていたとされている。しかし、ある時期以降、故郷を離れてカッチ地方に定着するようになった。イスラーム教徒の侵入や盗賊の跋扈が移住の背景にあるようだ。カッチー・バティヤーとは「カッチ地方のバティヤー」という意味である。つまり、時を前後して、他の地域にも移住したバティヤーがいて、スィンド地方に落ち着いいた

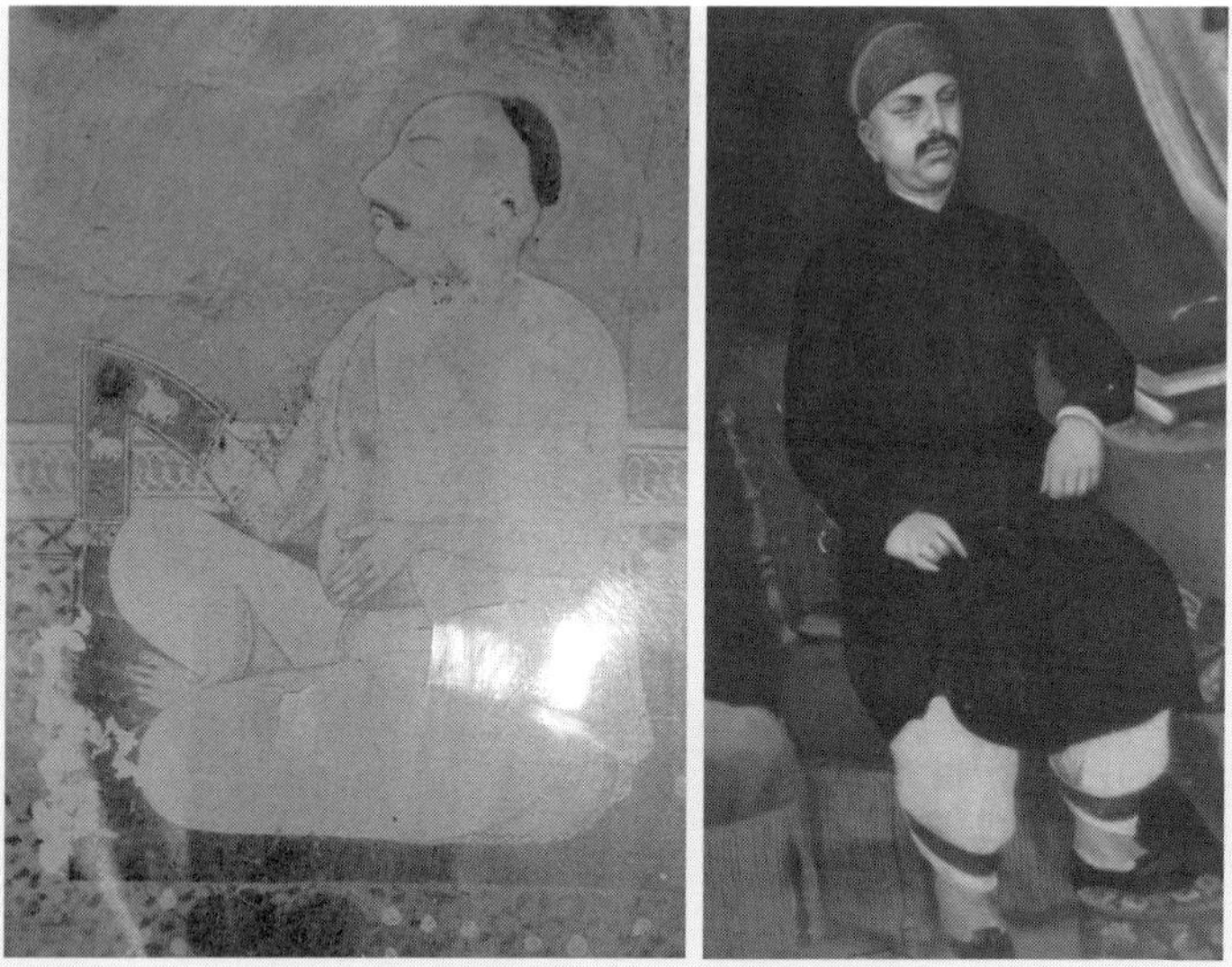
ジェイラム（右）とイヴジーの肖像画

者たちならばスィンディー・バティヤーと呼ばれる。

このカッチー・バティヤーがいつからストーン・タウンで商業活動をするようになったのかは不明である。少なくともこの兄弟が最初ではない。こんにち、ムンドラーに住まうイヴジー・シヴジーの末裔や近隣のカッチー・バティヤーの古老たちの話、あるいはやはり聞き取りに基づく先行研究を総合すると、それは以下のように複雑な経路を持つものであった。ジェイラムとイヴジーの兄弟の祖父が一八世紀中ごろから、ムンドラーと並ぶカッチ地方の港町マーンドヴィーに拠点を構えながら、ストーン・タウンやマスカトといったインド洋西海域の港町との交易に従事し、その息子、つまりジェイラムとイヴジーの父シヴジーの代になると、彼とその兄弟のマーデヴジーは拠点をマスカトへと移し、そこで同じくインド洋西海域の諸港との交易に従事していたことを代々、聞かされてきたという。ここまでは他の研究者も似たような話を聞いている［Mehetā 2001］。ここからは末裔の話も、研究者の説もさまざまになってくるが、おそらくは、このシヴジーがストーン・タウンに降り立った最初のカッチー・バティヤーであるか、少なくともそうした第一世代に属することは確かなようである。

このようにカッチ地方の港町からストーン・タウンに至るまでの大筋は、マスカトを経由してなされたという理解でほぼ間違いないと思われるのだが、ここで見逃せない問題が浮上する。つまり、カッチー・バティヤーを対象にして聞き取りを進めていくと、彼らは、元来、コミュニティの決まりによって海を渡ることを禁じられていたという。いくら彼らに尋ねても、一八世紀の後半ごろにそのような禁がなぜ解かれたのかについて、きちんとした説明はされない。ただし、こうした禁止事項は、時代の変化によって変わっていくものでもあるので、そうだとすれば、次のようなカッチ地方の同時代状況を考慮する必要が出てくるだろう。

まず挙げるべきは、一九世紀のこの地方で相次いだ地震などの天災と一八世紀末からの政治的な混乱である。カッチ地方は地震に見舞われることが多く、一九世紀だけでも、大震災と呼べるものが、四度も記録されている［Campbell 1880］。また、この地域はランと呼ばれる塩性湿地に囲まれ、地下水に塩分が多く含まれていることから、農業用水を天水に頼らざるを得ないうえに、旱魃にもたびたび見舞われた。さらに、イナゴなどの虫害や獣害も深刻で、地震よりも多い頻度で、それらを原因とする飢饉が記録されている［Campbell 1880; Postans 1839］。他方で、政治的には、一七七八年から一七八六年まで君主《ラーオ》に在位したラーヤダン二世がヒンドゥー教寺院を破壊するなどの行為を繰り返したのを契機に混乱し、反ラーヤダン二世勢力との対立のなかで、最終的には一八一六年にイギリス東インド会社の保護下に君主が入ることになる［Burnes 2004; Campbell 1880; Dulerāy Kārāṇī 1990］。

このように一八世紀後半から自然環境や政治情勢がきわめて不安定であった一方で、特に政治的な混乱が収まると交易活動は発展していった。そもそもが、ランを通る隊商路は、カッチ地方の港町を片方の終点に、もう片方の終点は、遠くアフマダーバード、スィンド地方、さらにはアフガニスタン方面まで広域に伸びていた。イギリスの保護領下におかれたことも、特に海上交易においては好影響をもたらした。たとえば、それによってカッチ地方の商人たちは場合に応じてイギリス臣民を名乗り、それによって行った先の港などで好待遇を受けられることもあった［鈴木　二〇一〇］。カッチ地方の港町は広い地域にまたがる内陸後背地と、新たな秩序のなかで活性化するインド洋西海域とのまさに結節点に位置することで、大きな繁栄を手にしていたのである。こうした状況の下のマーンドヴィーについては、一九世紀初頭の幾つかの記録から活発な交易活動が読み取れる［McMurdo 1820; 鈴木　二〇〇八a］。

ブー・サイード朝為政者との協力関係

ただし、上の説明だけでは、どうしてジェイラムとイヴジーの家系がストーン・タウンにたどり着いたのかという問題には答えられていない。すでに述べたように、クローヴ《丁子》の生産などによってストーン・タウンが魅力的な港町になっていったことは確かであるが、インド洋西海域の数多ある港町のなかに別の選択肢があっても不思議ではないし、そもそもマスカトに留まることも十分にあり得たはずだ。父シヴジーが一代をかけて足場を築いたマスカトでその息子たちが商売を大きくしていくという考え方に無理はないだろうし、事実、そのような家系もカッチー・バティヤーには存在する［鈴木　二〇〇八b］。おそらく、この問題を考えるためには、ブー・サイード朝君主との邂逅を考慮に入れる必要がある。そのためには、カッチー・バティヤーのマスカトにおける次のような状況から説明をしよう。

すなわち、カッチー・バティヤーがマスカトに商業的進出を始めたころ、すでにそこには、現在のパキスタン・スィンド地方のタッタを中心とするスィンディー・バティヤーが商業的基盤を築いていた。一七世紀以来、マスカトに地盤を築き、商業活動を展開していたスィンディー・

バティヤーに対して、後発のカッチー・バティヤーがマスカトの市場で明らかに劣勢だったのは想像に難くない。しかし、カッチー・バティヤーはボンベイという大市場とより密接な関係を持っていた点で、スィンディー・バティヤーよりも潜在的な優位にあった。これに加えて、君主との交易を重視することによって、一八世紀最末期から一九世紀初頭までのあいだに、カッチー・バティヤーはスィンディー・バティヤーを逆転し、マスカトの市場で優勢を築くようになっていった［Allen 1978］。

マスカトでの市場参入に際して、君主との紐帯の強化に努めるという戦略こそが、なぜストーン・タウンだったのかという上の問いの答えになるのではないか。つまり、一九世紀前半、マスカトに拠点を置いていたブー・サイード朝の君主であるサイード・ビン・スルターンは、ザンジバル島にもうひとつの都を築くようになる。彼は死去する一八五六年まで、マスカトとザンジバル島を足しげく往復しており、彼が亡くなったのも、マスカトからザンジバル島へ向かう船上であった。彼の関心をザンジバル島に向け、実際にそこに都を築かせた要因はさまざまに指摘されるが、そのなかで、インド系商人による進言があったことを指摘する研究が存在する［Sheriff 1971; Allen 1978; Reda Bhacker 1992］。しかし、興味深いことに、逆に、君主の側から商人たちに移住を促したという指摘もある［Coupland 1967; Nicolini 2004; Wilkinson 1987］。どちらが正しいのかという事実の確定は非常に厄介であるが、ひとつ言えることは、「商人王」

サイードによるザンジバル島の拠点化とマスカトのインド系商人、とりわけカッチー・バティヤーのストーン・タウン進出とは、二人三脚のようにして展開していったことである。

「港の借地人及び港の長」あるいは「税関の王」

これまで述べてきたような背景からカッチー・バティヤーがブー・サイード朝に非常に近いインド系商人たちの中軸に存在することは確かだろう。ジェイラムとイヴジーの父シヴジーがストーン・タウンで最初の徴税請負人職を獲得したことはその証左でもある。

徴税請負人とは、港湾における徴税請負の権利を為政者から買い取り、徴税を行う人物のことで——もちろん、集めた税は徴税請負人のものとなる——、ブー・サイード朝でもマスカトやストーン・タウンで導入されていた。アラビア語では「港の借地人および港の長」、スワヒリ語では「税関の王」と呼ばれるが、それらの表現に誇張はない［MAHAI; Whitely 1966］。徴税請負人の港湾における権力は絶大であった。寄港した船に積まれている貨物が何かを最初に知るのは徴税請負人であり、カッチー・バティヤーの場合、彼ら自身も商人なのだから、自分の欲しい商品を先に抑えることも、あるいは、戦略的に情報をストーン・タウンの商人に流すことも可能であった。また、来港者に真っ先に接するのも彼であった。

シヴジーの徴税請負人としての活躍についてはよくわからない部分が多い[1]。しかし、ストーン・タウンの徴税請負職はジェイラムとシヴジーの代に受け継がれ、その後、ラダー・ダームジーというやはりカッチー・バティヤーの人物にバトンが渡され、彼は徴税請負人のまま死去している［MAHA2］。つまり、ラダーの死去までのあいだ、およそ半世紀近く、ストーン・タウンにおけるこの職位はカッチー・バティヤーに独占されていた。加えて、アフリカ大陸東部沿岸にブー・サイード朝の勢力が拡大していくと、モンバサなど主要な港に同様の職位が設置されるのだが、一八五〇年代半ば頃になると次のような状況が生じていた。

ラダー・ダームジーはザンジバルの税関を管理しているのだが、ペンバ島では彼の甥のピスーが同じ仕事をしている。モンバサはラクシュミダース、それと同じ宗教を信仰する四〇人の手にあり、パンガニはトリカンダースによって支配され、二〇人のバティヤーがいる［中略］活動的で知的な商人であるラムジーはバガモヨを統括し、キルワの関税はキシンダースによって集められている。彼らのほとんどすべてが商売と同様に血で繋がっていることなど言うに及ばない。［Burton 1872］

つまり、ストーン・タウンはもとより、モンバサからキルワに至るまでのアフリカ大陸東部沿岸の主要な港町の徴税請負人は、カッチー・バティヤーによって占められていたのである。

徴税請負人は、通常は、競売にかけられ、三年から五年の任期で契約が結ばれる［NAUS I］。当然、競売ということはもっとも高い入札額を提示した者が競り落とすはずなのだが、たとえば、一八四一年の競売の際には、他の候補者がより高い入札額を提示したにもかかわらず、君主サイードは前任者のジェイラムに直接、再任の依頼をしている［Bennett and Brooks 1965］。カッチー・バティヤーが自らの個人的な商売に直結する徴税請負の依頼主であるブー・サイード朝君主との関係を大切にするのと同様に、君主の側も、ザンジバルにおいては、徴税請負者から支払われる契約金が最大の収入源であった。ここから、徴税請負人ジェイラムと君主サイードとの関係がきわめて深いことは容易に想像できるが、それは単に徴税請負を介したいわゆる「ビジネスライク」な関係にとどまらなかったようである。たとえば、一八四三年五月頃、深夜、何者かに襲われ大怪我をしたジェイラムにサイードは毎日、見舞いに訪れている様子が、北米商人の記録に残されている［Bennett and Brooks 1965］。

このように、マスカトにおけるブー・サイード朝為政者との邂逅と、カッチー・バティヤーのストーン・タウンおよびアフリカ大陸東部沿岸における商業の要としての徴税請負職の獲得と維持とは、ひとつにつながった出来事として捉えるべきであろう。

徴税請負職の港湾における絶大な権力は、いうまでもなく、他の商人から見れば厄介な存在でもあった。事実、一八三七年五月に当時の在ザンジバル・アメリカ領事は、徴税請負人の出す指示や命令のなかには、ブー・サイード朝君主サイードとアメリカ合衆国とのあいだで結ばれた友好通商条約で保障された自国商人の権利を脅かすものが含まれているとして、サイードに苦情を申し立てている。しかし、おそらくは上のようなサイードとジェイラムとの関係から、この苦情はまともに取り合ってもらえなかった［NAUS 2］。このときのアメリカ領事はリチャード・P・ウォーターズというセイラム出身者で、一九世紀を通してストーン・タウンを拠点にした北米商人、いやあらゆる欧米商人のなかでも屈指の商業的成功を収める人物である。ウォーターズがストーン・タウンに赴任したのは一八三七年三月なので、彼の苦情は赴任したばかりであったことがわかる。さらに、彼はあれやこれやと自分に注文を付けてくるジェイラムに対して今にも腰にさげた刀を引き抜き、切りかかろうとしたことすらあったという［Duignan and Gann 1984］。ジェイラムとイヴジーに対する欧米商人からの評判はきわめて悪く、ウォーターズのみならず、業を煮やして他の欧米商人がつかみかかることもままあった。

しかし、時間が経つにつれ、ジェイラムとウォーターズは接近していく。いまでこそ、領事といえばさぞ良い暮らしをしているだろうと思ってしまうが、当時のアメリカ領事は薄給で、自らの生活すらも給料のみで維持するのはたやすくなく、したがって、自ら商売に乗り出す必然性があったのである［Brady 1950］。他方、ジェイラムにとっては、北米商人はザンジバル島のみならず、アフリカ大陸でも売れ行きの大変好調な「アメリカニ」の供給者であり、彼らから提供される商品購入のための前払い金は、カッチー・バティヤーによって他の現地商人に貸しつけられもしていた［鈴木　二〇一三］。こうして双方の利益は一致した。赴任から二年を過ぎるころには、ウォーターズは兄にあてた手紙のなかで、ザンジバル島での彼の取引の九〇パーセントがジェイラムのものであると明かしている［Bennett and Brooks 1965］。また、ウォーターズは、新参の同郷出身商人に対して、「あなたが船の商売（の委託）を約束したら、徴税請負人のジェイラム・シヴジー

ジェイラムの邸宅と思しき場所に残されたJERAMUの文字（ザンジバル）

と話しあいを持つとよいでしょう。（中略）ことをもっとも上手に進めるためには、彼に相談するのがよいのです」と助言もしている［PPEM1］。

徴税請負人とアメリカ領事の癒着とも受け取れるようなこうした間柄は、ヨーロッパ商人たちには心地よく映らなかったようで、たとえば、あるイギリス商人は、ふたりの関係をストーン・タウンにおける交易の独占と同じと捉え、ブー・サイード朝君主サイードとヴィクトリア女王とのあいだで結ばれた通商条約で謳われている独占の禁止と交易の自由とに抵触しているとしてボンベイの商工会議所に告発をしている［MAHA1］。しかし、大勢としては、時間が経つにつれて、ジェイラムはその他の多くの欧米商人たちとも親しい関係を結ぶようになり、食事に招かれたり、あるいは、ヒンドゥー教の祭りに欧米商人を招待するなどしていることが記録に残っている［PPEM2］。もちろん、それらは彼の商業ネットワーク拡大の試みと軌を一にしていたのであり、ロンドンなどへの販路拡大を試みている様子もまた同時代のさまざまな記録から伺うことができる［PPEM3］。

ジェイラムに対する欧米商人の態度と評価がぐんぐん上がっていき、彼への賛辞や感謝が欧米商人の記録で容易に見つかるのに対して、ジェイラムの実の弟であるイヴジーについては、史料中にたびたび酷評の言葉が目につく［PPEM4］。なぜイヴジーの評判がそれほど悪いのかは不思議と記録に残されていない。ただし、イヴジーもハンブルクの商会から仲介業務を引き受けたりしているので、必ずしも兄とは全く対極的な存在とは言い難い［Bennett and Brooks 1965］。どういう経緯かは史料も、末裔も語らないが、兄とは諍いがあったらしい［Bennett and Brooks 1965］。おそらくはこのことも影響してイヴジーへの辛辣な評価が目につくのだろう。このことは、ジェイラムに近しい欧米商人のイヴジー批判について、イヴジーの名誉のためにも一言断りを入れなくてならないところである。

ここまでを振り返ってみると、徴税請負職という役職が新たな邂逅を生み出していたことは確かである。しかし、邂逅には何も生み出さない邂逅があってもいいのであり、逆に言えば、そういう空振りに終わるかもしれない邂逅を、いまでいうビジネスチャンスにかえてしまうジェイラムを筆頭とするカッチー・バティヤーの人付き合いの妙技には見入るものがある。しかも、それがまたジェイラムらにとって新たな富の源泉となったこと、そして同時に、その新たな邂逅が――ウォーターズが新参の同郷商人に彼を紹介するなど――別の新たな邂逅に連なっていくことが明らかになればなおさらである。こうした連鎖する邂逅がカッチー・バティヤーの商業的成功を導くばかりでなく、港町ストーン・タウンにさまざまな商人を引き付ける魅力を与えていき、それこそがこの町の栄華の礎となっていたのである。

このようにして、ストーン・タウンを舞台にしてジェイラムやイヴジーはさまざまな出会いを繰り返しながら財を築いていくが、彼らは決して故郷を忘れたわけではなかった。むしろ、彼らは折に触れてカッチ地方へ里帰りをしている。いまでもムンドラーにはジェイラムとイヴジーそれぞれが建てたといわれる大邸宅が現存しており、末裔たちが住んでいる。それらはストーン・タウンの邸宅ともどこか似ている。彼らが里帰りする理由はいくつもあるが、そのうちの大きなものとして、家族の存在がある。確かにカッチー・バティヤーはいつの頃からか、それまでの禁を破り、海を渡るようになっていったが、しかし、それは男性に限った話であった。女性は基本的にはカッチ地方に残った。

カッチ地方に残す家族に会いに里帰りをすれば、当然親戚にも会うのだろう。ムンドラーの町では、カッチー・バティヤーの集住地区がある。おそらくはジェイラムやイヴジーの話す景気のいい話を身を乗り出して聞いていたような男たちが、彼らに続かんとアフリカ大陸東部沿岸へと渡っていった。先の引用にあげたような、ピスーやトリカンダースのような、各地で徴税請負を担っていくような人物もそのなかに含まれていたはずだ。同時代記録にある数字を拾えば、一八五〇年代だと四〇〇〇人程度、六〇年代だとおよそ七〇〇〇人程度がアフリカ大陸東部沿岸及びその近隣島嶼で活躍していたことになる〔Burton 1872; NAUK1〕。

千夜一夜物語の翻訳で知られる一方、ナイル水源探検でも当時名声を博したリチャード・バートンは、探検の準備のために立ち寄ったストーン・タウンで見かけたカッチー・バティヤーについて、次のように記している。

イヴジー・シヴジーによって建てられた邸宅（ムンドラー）

恰幅のよいバティヤー――カッチ出身の商人――は背の高さ、蒼白い肌、ひげをそったあご、紫色、あるいは茜色の水玉模様をあしらって、金の縁取りがしてあるとがったターバン、雪のように真っ白な木綿の上着、しみひとつない腰巻、それらによってすぐに見分けがつく。〔Burton 1858〕

しかし、後続者たちは何も最初から裕福だったわけではもちろんない。彼らの多くは裸一貫で海を渡っていった〔鈴木　二〇〇八b〕。聞き取りなどを総合すれば、一八四〇年代にフランス海軍がアフリカ大陸東部沿岸調査を行った際に作成された報告書のなかにある次の記述が、成功を夢見て海を渡ってきたカッチー・バティヤーの様子をもっとも端的に書き遺している。

（カッチー・バティヤーたちは）一般的に若くしてザンジバルにやって来て、下っ端として同じカーストの古くからある商家の店に入る。そこで彼らは商売の流れと土地の言葉を身につける。そして、多少とも重要そうな安物を買って故郷に戻る。島に戻ってきた際には、自分で商売をし、彼らの忍耐強さと積極性のゆえに、彼らはその財産をおおいに増やすと、島を離れて二度と戻ってこない。[Guillain 1856-1858]

このように、新天地に降り立った若いカッチー・バティヤーは、すでに現地で商売を成り立たせている親戚の店で丁稚奉公をしながら、商売の仕方や土地の言葉、習慣を身に着け、次第に独り立ちをしてくのである。一旗揚げようとする若者の面倒を見ることはカッチー・バティヤーのコミュニティ全体で行われていた。一種の互助のような仕組みで、仮に若者がいつか独り立ちした暁には、かつての自分のような夢を見て海を渡ってくる後続の若いカッチー・バティヤーを受け入れた。この仕組みは、彼らによってマハージャンとも呼ばれる。

このようにしながら商売は古いカッチー・バティヤーから新参のカッチー・バティヤーに受け継がれていった。新たな人びとが北米から、カッチ地方から、はたまた別の地域からストーン・タウンに集い、邂逅することを繰り返しながら、この町はネットワークの結節点としてあり続けていったのである。

おわりに――連鎖する邂逅

ザンジバル島のストーン・タウンは二〇〇〇年に世界遺産に指定された。「文化的な融合と調和の際立った物質的な明示」が大きく評価されたのである。「物質的な明示」とは具体的には冒頭に紹介したストーン・タウンの町並みを指し、「文化的な融合と調和」はこの町が広大な空間を股にかけるネットワークのなかのひとつの結節点として機能することで持続してきたものである。そして、その結節点を顕微鏡でのぞき込めば、この章で記してきたような無数の邂逅がひしめいている。無数の邂逅は勝手気ままに湧いてきたのではない。カッチー・バティヤーを例にしてみてきたように、ひとつの邂逅が別の邂逅を生み出し、その別の邂逅がまた新たな邂逅を作り出す。そういう連鎖する邂逅こそがストーン・タウンを一九世紀、世界に名だたる港町に発展させていったのであり、邸宅の並ぶ狭い小路はその名残なのである。この「連鎖」に込められる含意は、時間を共にするが出自などの異なる多様な人びとのあいだの連鎖でもあり、同時に、カッチー・バティヤーの互助システムのように、時間を跨ぐ連鎖でもある。港町の繁栄にはこのふたつの意味での連鎖する邂逅が必要である。

この章の別のもうひとつの邂逅はカッチー・バティヤーの移動の軌跡に見出すことができる。カッチ地方を飛び出すにあたり、彼らが直面した危機との邂逅、マスカトでのライヴァルとの邂逅、そしてライヴァルと対峙する中で市場を切り開こうとして生まれたスルターンとの邂逅、ストーン・タウンでのウォーターズをはじめとする欧米商人との邂逅、こうした邂逅の連鎖として、カッチー・バティヤーのカッチ地方からストーン・タウンに至る数世代に亘る旅を読み解くこともできるだろう。

われわれは歴史を理解しようとする際、とりわけそれが巨視的であればあるほど、ややもすると固定的に捉えてしまう。本章で多用したネットワークという概念は、実はその好例でもある。地図の上に線を引き、港と港を結んでネットワークを示すことはできる。しかし、その地図を見ると、あたかもネットワークはどこか固定的で、静的でもある。しかし、ふと、その線を渡る人びとや線と線の結節点である港町での人びととの姿にぐっとズームをあげていけば、そこに無数の邂逅がたち現われてくる。それは静的ではなく、きわめて動的である。そうした無数の微視的な邂逅の連鎖こそが広大な空間を跨ぐ海域世界を支え続けてきたのである。それに気がつくとき、より生き生きとディテールを携えながら、巨視的な歴史が邂逅の連鎖として私たちの眼前に現れるのである。そしてまた、その邂逅の痕跡は、ネットワークの結節点に堆積される。そう捉えなおしたとき、こんにちの旅行者たちが邂逅するストーン・タウンのカビが生え、崩れかけた邸宅たちの見え方もまた変わってくるのではないだろうか。

文書館史料

マハーラーシュトラ州立文書館（インド・ムンバイ）
MAHA1:［MAHA PD/1841-1842/46-1261］
MAHA2:［MAHA PD/1872/646］
イギリス公文書館（イギリス・キュー）
NAUK1:［NAUK FO881/2314］
アメリカ国立公文書館（アメリカ・メリーランド州）
NAUS1:［NAUS RG84/Zanzibar/100］
ピーボディー・アンド・エセックス博物館内フィリップス図書館（アメリカ・マサチューセッツ州）
PPEM1:［PPEM MH14/Box2 Folder3］
PPEM2:［PPEM MSS0.145］
PPEM3:［PPEM MH14/Box1 Folder1］
PPEM4:［PPEM R.P. Water's Manuscripts］

参考文献

鈴木英明「インド洋世界におけるカッチーバティヤー・コミュニティーの活動」『シルクロード学研究』三〇、二〇〇八a。

——「マドラは一着の服とコップひとつで旅立った——スワヒリ世界のバティヤー商人たち」『自然と文化、そしてことば』四、二〇〇八b。
——「一九世紀インド洋西海域世界と『近代』——奴隷交易に携わる人びとの変容——」（東京大学に提出された学位請求論文）、二〇一〇。
——「ネットワークのなかの港町とそこにおける所謂「バニヤン」商人：一九世紀ザンジバルにおけるカッチー・バティヤー商人の活動」『東洋史研究』七一—四、二〇一三。
——「ジョアスミー海賊とは誰か？—幻想と現実の交錯」東洋文庫編『東インド会社とアジアの海賊』勉誠出版、二〇一五。
——「世界商品クローヴがもたらしたもの——一九世紀ザンジバル島の商業・食料・人口移動——」石川博樹・小松かおり・藤本武編『食と農のアフリカ史——現代の基層に迫る——』昭和堂、二〇一六。
Allen, C. H., *Sayyids, Shets and Sultāns: Politics and Trade in Masqat under the Āl Bū Sa'īd, 1785-1914*, Ph. D thesis to University of Washington, 1978.
Bennett N.R. and G.E. Brooks (eds.), *New England Merchants in Africa*, Boston: Boston University Press, 1965.
Brady, C.T., *Commerce and Conquest in East Africa: With Particular Reference to the Salem Trade with Zanzibar*, Salem: Essex Institute, 1950.
Burnes, J., *A Sketch of the History of Cutch*, New Delhi: Asian Educational Services, 2004 (1st. 1839, Edinburgh).
Burton, R. F., "Zanzibar, and Two Months in East Africa," *Blackwood's Edinburgh Magazine* 133, 1858.
—— *Zanzibar; City, Island, and Coast*, 2vols, London: Tinsley Brothers, 1872.
Campbell, J. M. (ed.), *Gazetteer of the Bombay Presidency, Vol.5: Cutch, Palanpur, Mahi Kantha*, Bombay, 1880.
Coupland, R., *The Exploitation of East Africa, 1856-1890: The Slave Trade and the Scramble*, s.l.. Northwestern University Press, 1967.
Duignan, P. and L. H. Gann, *The United States and Africa: A History*, Cambridge: Cambridge University Press, 1984.

Dulerāy Kārānī, *Kachchh kalādhar*, 2vols, 1990.

Guillain, C., *Documents sur l'histoire et le commerce de l'Afrique Orientale*, 2 vols., Paris: Arthur Bertrand, 1856-1858.

Leo Africanus, *The History and Description of Africa: And of the Notable Things Therein Contained*, Vol. 1, ed. by Robert Brown, Cambridge: Cambridge University Press, 2010（1st. 1896）.

Mahetā, M., *Gujarātīo āne pūrva āphrikā: gujarātīpanānī shodmām, 1850-1960*, Amadāvāda: Darshaka Itihāsa Nidhi, 2001.

McMurdo, J., *McMurdo's Account of Sind, Introduction by Sarah Ansari*, Karachi: Oxford University Press., 2007.

Nicolini, B., *Makran, Oman and Zanzibar: Three-Terminal Cultural Corridor in the Western Indian Ocean*（*1799-1856*）, Leiden and Boston: Brill, 2004.

Postans, M., *Cutch; or, Ramdon Sketches, taken during a Residence in One of the Northern Provinces of Western Inddia; Interspersed with Legends and Traditions*, London, 1839.

Sheriff, A., "The Rise of a Commercial Empire: An Aspect of the Economic History of Zanzibar, 1770-1873", Ph.D thesis to School of Oriental and African Studies, University of London, 1971.

———, *Slaves, Spices and Ivory in Zanzibar*, Oxford: Oxford University Press, 1987.

Stanley, H.M., *How I found Livingstone: Travels, Adventures, and Discoveries in Central Africa, Including Four Months' Residence with Dr. Livingstone*, London, 1896.

Sunseri, T., "The Political Ecology of the Copal Trade in the Tanzanian Coastal Hinterland, c.1820-1905," *Journal of African History* 48, 2007.

Whitely, W.H., *Maisha ya Hamed bin Muhammed el Murjebi yaani Tippu Tip kwa maneno yake mwenyewe*, Nairobi: East African Literature Bureau, 1966.

Wilkinson, J. C., *The Imamate Tradition of Oman*, Cambridge: Cambridge University Press, 1987.

仏教国として知られるタイ。その北部の、中国・ビルマ・ラオスと国境を接する地域に、雲南系ムスリムと呼ばれる人びとが住んでいる。この社会の要をなすのは、さまざまな経緯でこの地にたどりついた移民たちと、多様な出自の女性たちとの出会いである。結婚と改宗、故郷への思いなど、日々の暮らしを営むなかで、女たちが語るライフヒストリー。

4 移民は〈自己〉をどう語るか

——タイにおける雲南系ムスリムの女性たち——

王柳蘭

はじめに――チェンマイに現れたハラール・ストリート

東南アジアと中国を結ぶ移民を考えるうえで、華僑・華人の存在はよく取り上げられる。華僑は英語で「オーバースィーズ・チャイニーズ」と呼ばれるが、この言葉には海を渡っていくイメージが色濃い。しかし、内陸の国境を越えて隣国に移動していくケースもある。この章で扱う雲南から陸路で移動してきた移民は、いわば「オーバーランド・チャイニーズ（Overland Chinese）」である。

この雲南から移民した華人のなかにムスリム（イスラーム教徒）がいることはあまり知られていない。わたしも一九九五年、タイで初めて中国系のムスリムに出会ったときには、おどろきを禁じえなかった。このようにあまり知られていない中国系移民のムスリムだが、タイの北部に位置するチェンマイには中国の雲南省から移住してきたムスリムのコミュニティが形成されている。

仏教国として知られるタイは上座仏教徒が人口の九〇パーセント以上を占める。二〇〇〇年の国勢調査ではムスリムは人口の四・六パーセントを占め、人口にすれば二八〇万人もいる。とくに南部のマレーシアと地続きの国境地帯では、マレー系のムスリムたちと仏教徒との混住が見られ、ムスリムの占める割合も高い。他方、首都バンコクには、こうしたマレー出自のムスリムたちがバンコク王朝下のラーマ一世（一七八二—一八〇九）とラーマ三世（一八二四—一八五一）期に強制的に移住させられ、しだいにタイ国の統治システムに組みこまれてきた。そのほかにイラン系、アラブ系、インド系など多様な出自をもつムスリムが定住している［サオサワニー　二〇〇九］。

かつてランナー王朝が繁栄した北部の中心地チェンマイや、ビルマ（現ミャンマー）との国境沿いには、雲南出身の中国語を話すムスリムたちが集住している。彼らは中国で回民、回族と呼ばれる人びとである。中国には早くも唐の時代から、ムスリム商人たちがいわゆる「海のシルクロード」を通じて南部沿岸地域に来訪しており福建省泉州は回民が集住した地区としてよく知られている。一方、内陸部においても、たとえば雲南省には、元の時代に色目人と呼ばれた渡来人が住みついたが、その中にムスリムも含まれていた。このムスリムたちは中央、地方の財務行政などで活動した。その後、漢人の改宗や混血が進んだ結果、この地域にイスラーム社会の基礎が生まれたと言われている［今永　一九九二］。この雲南省から来たムスリムが一九世紀末以後越境しビルマやタイ北部に住みつき、コミュニティを形成してきたのである。

チェンマイの観光地として有名なナイトバザールの通りから一歩入った小道には、一九世紀末以降に雲南からきたムスリムの末裔たちが構えてきた旧居がある。そして同じ通りには、雲南系ムスリムたちが建てた鉄筋二階建てのモスクがたっている。モスクの敷地内では、中国語やタイ語、時にはアラビア語で書かれた貼り紙があちらこちらに見られる。タイ国内にあっても、ここは中国文化とイスラーム文化が交じりあった宗教空間そのものである。こうした多文化性を象徴するがごとく、このモスクには三つの名前がある。タイ語ではバーン・ホー・モスク、アラビア語ではヒダヤートゥン・イスラーム、中国語では王和清真寺である。彼らが最も神聖視するのはクルアーン（コーラン）である。モスクの壁面にはクルアーンの一節を記したアラビア語の扁額がかけられている。扁額には民国六年建立と刻まれていることから、このモスクが一九一七年に建てられたことがわかる。当初このモスクは木造であったが、一九六六年にムスリム移民たちが寄付金を集めて再建した。ただし、モスクの建設に先立ち、既に一九世紀末から、雲南のムスリム商人たちはコミュニティ内にある個人の家を礼拝所として集まり、祈りのひと時をともに過ごしていた。雲南系ムスリムは、ムスリムの少ないタイのなかでもさらに少数派だが、異郷のなかにありながら母語としての中国語を用いて宗教生活を送っている移民の息づかいが、こうしたモスクの景観一つとってもつたわってくるのである。

近年、タイでは、イスラームを一つの観光の目玉にする取り組みが見られるようになってきた。チェンマイでも、バーン・ホー・モスクが並ぶ通りは「ハラール・ストリート」と名づけられ、各種のハラール・レストランが観光客を集めるようになっている。それらはもともと雲南系ム

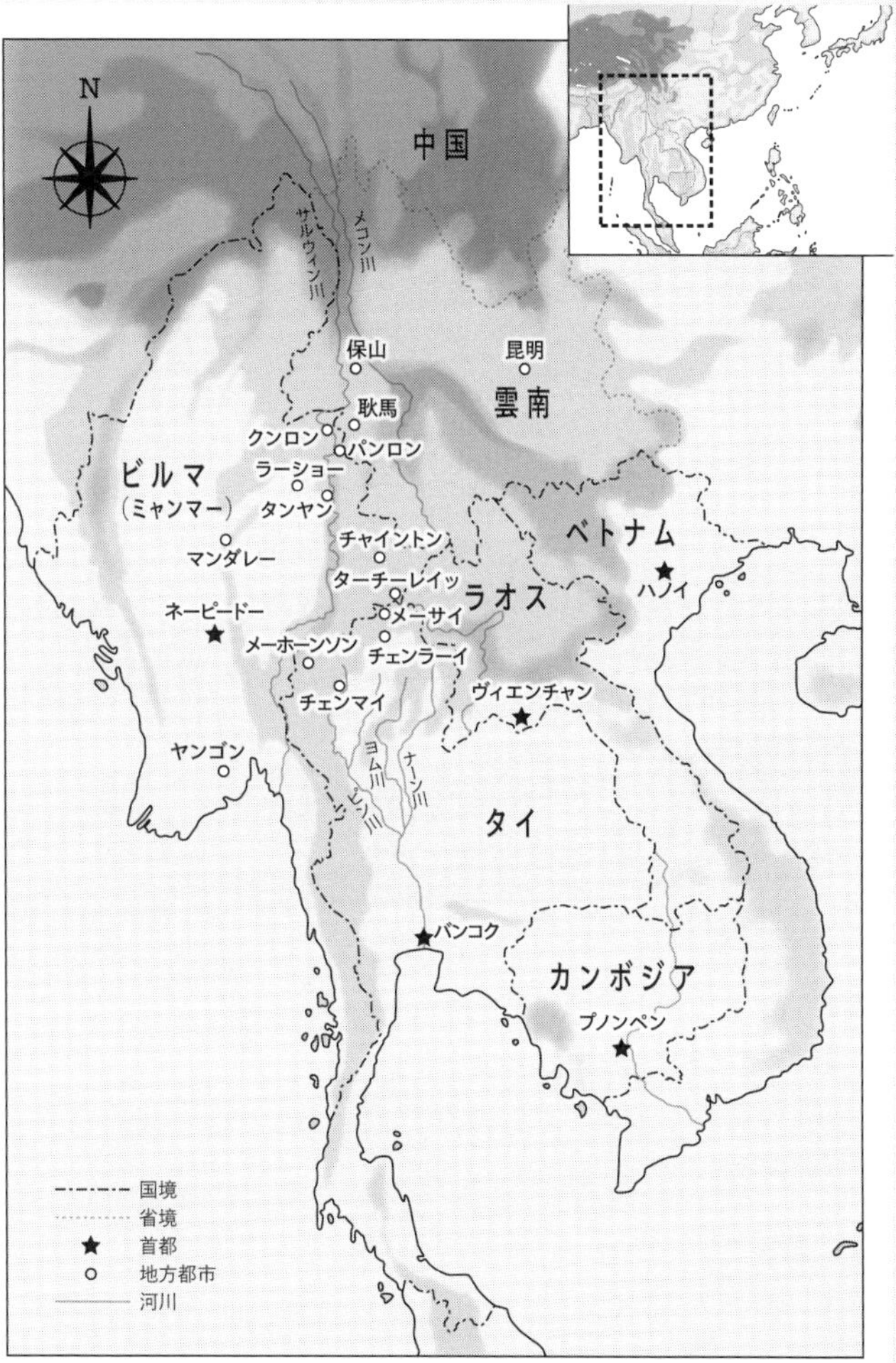

雲南からタイ周辺の東南アジア

スリムによって経営されてきたものである。ハラールとは、許容されたものを意味するアラビア語である。ムスリムにとっては、イスラーム法によって合法《ハラール》とされる食品と、忌避される食品があるとされる。雲南系ムスリムも、もちろんハラールの規定にもとづいて食生活を営んできたのであるが、その一方で彼らは生計をたてるために自分たちの食文化をタイ人にも提供してきた。知る人ぞ知るチェンマイの名物料理カオソーイは、ココナッツとカレーを混ぜ合わせた麺類である。もともと雲南系ムスリムの伝統食とされていたものに、あらたにココナッツとカレーが加味されて、今ではチェンマイの名物となっているのである。敬虔な雲南系ムスリムたちは食材の選び方や調理の方法などに注意を払っている。タイ政府は中央ハラール委員会をバンコクに設置し、ムスリムが経営する全国の飲食店の衛生状態や食品の流通過程がハラールの規範に沿っているかどうかを、近代的技術と科学を駆使してチェックするシステムを採用している。同委員会の本部はバンコクにあるが、チェンマイにも支部が設置されており、雲南系ムスリムのハラール料理店もその審査をうけて開業しているわけである。

タイ社会において、チェンマイのイスラーム文化はこのような食文化をはじめ異国情緒を醸しだす消費の対象として位置づけられつつある。これは同時に、ムスリムたちがようやくタイ社会に根づきはじめ、自分たちの民族文化を表現しながら、異郷での暮らしに経済的にも宗教的にも新たな活路を見出してきたことを物語っている。チェンマイに通いつづけて約二〇年になるが、雲南系ムスリムの暮らしは着実によくなり、経済的な豊かさとそれにもとづく生活様式の変貌ぶりに時に驚かされることもある。インタビューを重ねて旧知の仲になったある家庭を訪れてみると、以前は玄関と応接間が続いた狭い長屋の一角に住んでいた人たちが、いつの間にか庭つき一戸建ての家に一家そろって引越していたといった具合である。住まいを外から一見しただけでは、雲南系ムスリムが住んでいるのかタイ人が住んでいるのか、もはや見分けはつかない。

こうした暮らしむきの変化は、移民を語る際の「同化」や「適応」といった言葉で安易に理解できるものではない。移民社会は、国家、社会、宗教、民族といったさまざまな領域や他者との関係において邂逅を繰り返し、異郷のなかでアイデンティティのよりどころを求めつつ、生存の基盤を築きあげてきたからである。以下では、タイの雲南系ムスリム移民社会の成り立ちを概観したうえで、とくに女性の役割と女性を介した人びとのつながりという点から移民社会の実態をみていきたい。これまでの移民社会研究では注目されてこなかった女性の存在をクローズアップすることによって、移民社会内部の多様性を知るのみならず、越境にともなう葛藤と危機がかえって力の源泉になることを理解できるのではないか、と考えるからである。とくに、ビルマ生まれの雲南系ムスリムであるパンロン人女性との出会いを通して、越境とは何か、そのなかで信仰をもつことの重みとは何かを考えてみたい。

雲南系ムスリムのタイへの移住は、陸の商業ルートと結びついている。中国西南部に位置する雲南地方は、チベット文化圏や東南アジア諸国と隊商交易を通じて古くからつながっていた。とりわけ一九世紀から、中華人民共和国の成立によって雲南と東南アジアを結ぶ国境が閉鎖される二〇世紀半ばまでの間は、雲南、ビルマ、タイやラオスの間で馬やラバを用いた隊商が、それぞれの地域の特産品を積んで往来し、交易活動で活躍していた。当時は西欧列強が中国や東南アジアに触手を伸ばし、植民地化に向けたさまざまな戦略を展開しており、フランスやイギリスに地域間交易の重要な結節点とみなされた雲南では、域内外の交通網が整備されていた。

冒頭に述べたバーン・ホー・モスクはこのような交易活動が活発化した時代につくられたものである。バーン・ホー・モスクとは、バーンが村の意味で、ホーはタイの人々が雲南系ムスリムを呼ぶ時に使う他称である。日本語でいうならば「ホーの村のモスク」となる。このモスクを建立したのは、雲南省の玉渓生まれの鄭崇林氏と彼のもとに集っていたムスリム商人であった。チェンマイの森林は中国にとって魅力的な交易品の源泉であり、交易の中継地であったビルマは同時にアヘンの産地でもあった。雲南産の絹織物や塩、茶などの交易品は、隊商によって域内外に運ばれていた。今でもこのモスクの道路を挟んだ真向かいに、鄭氏の人びとが住んでいた家が残っている。この家は、タイにやって来る交易人たちが一時的に身を寄せて暮らすことのできる開かれた場所だった。知人や親せきを頼って次から次へとチェンマイにやってくる雲南系ムスリムの交易人たちが集ったこの場所は、コミュニティの中心地となり、そこにやがてモスクが建立されることになったというわけである。

雲南とタイとの間で交易に従事するうちに、彼らのなかにはタイで生活する人もあらわれた。タイで妻をめとって家族を形成する人もいたが、その中には別の妻子が故郷にいる男性もいた。

鄭氏の場合も、雲南に二人の娘と妻を残したまま、チェンマイであらたにタイ人の妻をめとっていた。のちに、雲南に残された妻子はより良い暮らしができると期待して、父や夫を頼って雲南からはるばるバンコク経由でチェンマイにやってきた。しかし、タイ人妻とその子どもたち（最終的に鄭氏は五男五女をもうけていた）との折り合いがつかず、雲南から来た妻子はチェンマイを離れ、ビルマとの国境にちかいチェンラーイ県に別居せざるを得なくなった。長距離の移動を伴う交易を生業とする生活様式は、異郷における家族のあり方に影響をあたえることになった。このような例からも、移民にとって安定した家族関係を築きあげることは至難の業であることがうかがえる。

強いられた越境――中国国共内戦の影響

雲南系ムスリムはタイ北部のチェンマイ県とチェンラーイ県に多く住んでいる。両県にはあわせて一〇か所以上の場所に雲南系ムスリムによって建てられたモスクがあるが、それらは比較的新しいものである。たとえば、タイとビルマの国境付近にある雲南系ムスリムのモスクの建設時期は、タートン・モスク＝一九七四年、ファーン・モスク＝一九七五年、フォファイ・モスク＝一九八五年、バーン・ヤーン・モスク＝一九七〇年から一九八〇年頃、アンカーン・モスク＝一九八七年となっている。調査の結果、彼らの多くが二〇世紀半ば以後にタイに移住してきたことが明らかとなった。最も多かったのは、一九四九年の中華人民共和国の樹立を境とする社会的混乱とそれに先行する国共内戦がきっかけで移住した人びとである。つまり、この時期に移民社会の担い手の交代が起こっているのである。

鄭氏の時代よりも後に移住してきた雲南系ムスリムたちの間でも、タイに来た時期には、ずれがある。早い人であれば、日中戦争が終結し、雲南で国共内線が激化しはじめたころに共産党軍の噂を耳にして、いち早く陸路でビルマに逃げていた。また、国共内線が激しくなる前に、すでにビルマを経てタイに交易に出かけていた人のなかには、国境が閉ざされて帰国できなくなったため、そのままタイに定住した者もいる。この時期に移住した人びとはムスリムのみにとどまらない。内戦のために命からがら中国から逃げ出したのは、漢人も他の少数民族も同じであった。

しかし、その後ビルマでは、雲南の混乱から逃れて新しい生活を始めようとしていた人びとを再び戦乱が襲った。雲南で内戦をくりひろげていた国民党軍が一九五〇年に敗北した後、そのまま陸路でビルマに拠点を移し、戦闘を展開したからである。国民党軍に協力を求められたビルマの雲南系ムスリムたちは、馬やラバを軍事物資として提供したり、徴用されたりして否応なく戦乱に巻き込まれていった。そして結局、一九五三年と一九六一年に国民党軍とともにビルマから追い払われ、タイ国境に多数の「難民村」を形成して過酷な生活を送ることになった。やがて、難民村の人びとは、知人や親せきの伝手《つて》、そして（当時、山地民を相手とするアヘン交易に従事していたとされる）同業者のネットワークをたどって、鄭氏をはじめ先に移住していた雲南系ムスリムの多いチェンマイやチェンラーイに集住しはじめたのである。

多様化するムスリム・コミュニティ――改宗女性の存在

時代の激動に翻弄されるなかで、雲南系ムスリムの越境形態は変化した。新たにタイで形成されたムスリム移民社会は、異なる民族や宗教との接触の場となり、もはや中国における同質的なコミュニティとは様相を異にするようになった。その大きな違いの一つは、出自の異なる女性たちとの結婚にある。

雲南系ムスリム社会の女性たちのなかには、民族、宗教、言語もバラバラな人びとが含まれている。それらの具体的な事例については後述するが、女性たちの出自は、たとえばタイの多数派である仏教徒のタイ人、山地に住む少数民族、あるいは華人系タイ人などさまざまである。雲南系ムスリムの男性が生まれながらのムスリム、いわゆるボーン・ムスリムであるのとは対照的に、彼らの配偶者となった女性たちは改宗ムスリムが多い。すなわち、雲南系ムスリム社会の女性たちとは、少数の例外を除くと、結婚をきっかけに改宗した人びとなのである。彼女たちはそもそもイスラーム文化との接触が少ないばかりではなく、中国語（この場合は雲南語）を理解することもできない。雲南系ムスリム男性の間で見られるような文化の共有によるネットワークではなく、女性たちはどちらかというと身近な付き合いのなかで気の合う者同士がつながる形で人間関係を広げていくようである。

このような現象が生じる背景には、雲南系ムスリム男性の移住パターンの変化がある。彼らの多くは、中国ではムスリム（回民、現在は回族と呼ばれる）だけが集住する村に暮らしていた。回民の村にはその象徴たるモスクがある。インタビューを通しても確認できたことだが、中国ではたとえ村同士が隣りあっていても、漢人と回民が結婚することは忌避されていたという。現在でも中国では、都市部を除いてその傾向は依然として強いとされる。

しかし、長距離を移動する交易を生業とし、戦乱や政治的混乱に巻き込まれて避難生活を送ってきた人びとにとっては、外部社会の女性を改宗させて取り込み、コミュニティの人口を増やすことが、脆弱で不安定な異郷での暮らしを改善することに結びつくと考えられた。ある移民男性は移民社会における結婚について、冗談まじりに私にこのように語った。「私たちは他民族の女性と結婚して、ムスリムの人口を増やしていくのですよ。私たちは身ひとつで故郷から逃げてきたのですから」。イスラームの規範に従うなら、ムスリムとの結婚に際して非ムスリムは改宗を求められる。異郷で少数派として暮らす男性たちにとって、まず家族を増やし、そこからコミュニティ全体の拡大を図ることは、コミュニティのなかで生きる個人の生存とも直結するものと捉えられていた。

このようにタイの雲南系ムスリム社会は、単身で移住してきた男性に外部の女性が結婚を通して組み込まれ、拡大してきた雑種型社会なのである。

もっとも、上述のように、チェンマイには既に二〇世紀初頭までには鄭氏らの末裔が暮らしていたので、後に移住してきた雲南系ムスリム男性のなかでも一部の幸運な者は、これらの先住していた家系の娘と結婚することができた。この場合は、同郷同宗教婚であり、結婚の障害となる問題は少ない。たとえば、私が親しくしていた納氏は交易を生業とする家系の出身で、まだ雲南にいた少年のころから交易に親しみ、青年時代には雲南域内でさまざまな物資を運んでいたばかりでなく、仕事でビルマを訪れた経験をもっていた。国共内戦が激しくなると、交易活動にも陰りがみえはじめたため、一九四九年に妻と娘三人を故郷に残してビルマに移住した。しかし、先に述べたようなビルマでの戦乱の結果、一九五〇年代前半にタイ北部の「難民村」を経てチェンマイ市に移り住んだ。チェンマイへの移住に際して、納氏は鄭氏一族と親戚関係にある女性と結婚することができた。したがって、納氏の家族や姻戚はすべて同郷の雲南系ムスリムである。その関係を反映するがごとく、納氏の家は鄭氏と同じ通りに面し、バーン・ホー・モスクから歩いて数分のところにある。このような鄭氏とのつながりを使って、移住当初から納氏は鄭氏から交易面でも生活面でもさまざまな便宜を図ってもらっていたに違いない。

結婚と改宗――女性たちの語りに基づく事例紹介

それでは、どのような女性たちが改宗し、雲南系ムスリム社会の一員になったのだろうか。

《李さんの場合》　国共内戦の時期に雲南を脱出した李さんは、一九三四年に雲南では比較的裕福な漢人の家に生まれた。父には二人の妻がいて、李さんは二番目の妻の子どもであった。兄弟姉妹は母親の違う者も含め、合わせて九人であった。李さんは父親の仕事については触れなかったが、一家は中華民国政府高官との姻戚関係もあり、幼少期には何不自由ない暮らしを送っていたという。しかし、雲南で共産党の勢いが強まるにつれ、異母兄弟たちの中にはビルマに逃げる選択をする人も現れた。李さんも、自宅の家財がすべて共産党に没収されたのをきっかけに、母と妹の三人で雲南から脱出した。李さんがまだ九歳か一〇歳のころの話だという。父は出国の一年前にすでに亡くなっていた。ビルマでは父の知り合いである漢人の家族の世話になり、二、三年避難生活を送った。しかし、やがてビルマでも安住できなくなり、一家は南下して国境を越え、タイ北部のアンカーン山までやってきた。そこは山地民が焼き畑を営む山の中であった。李さん一家はそこに草ぶきの家を建て、雲南から逃れてきた難民たちと衣食をともにすることになった。李さんの妹はその「難民村」で雲南系ムスリムの男性と結婚することになり、イスラームに改宗した。その後、李さんと妹夫婦は、先にチェンマイのバーン・ホー・モスク一帯に集住しはじめていた雲南系ムスリムの伝手をたどって、「難民村」を離れた。李さんはチェンマイで知り合った雲南系ムスリムの男性との結婚を機に改宗し、四男二女を授かった。

このように、李さんは雲南からビルマ、そしてタイの「難民村」へと逃れた先で、妹の結婚をきっかけに雲南系ムスリム社会と接触した。チェンマイへの再移住には、このムスリム社会のネットワークが有効に働いた。チェンマイで李さんは雲南系ムスリム男性と結婚したが、結婚に際して宗教に対するこだわりはほとんどなかったといってよい。とりわけ李さんの妹の場合は、異郷で同じく難民の境遇にあった者同士として、宗教にこだわることなく結婚したといえる。中国を逃れたときから故郷における既存の社会的階級が意味を失っていたなかでの配偶者探しであった。

《王さんの場合》　王さんは、ビルマ国境に近いチェンラーイ県に生まれた客家《ハッカ》系のタイ華人である。王さんの夫は一九四七年に雲南の国共内戦を逃れ、ビルマ経由で比較的早い時期にタイにわたってきた雲南系ムスリムである。夫はビルマで国民党軍が引き起こした戦乱には直接巻き込まれておらず、「難民村」での生活も経験していない。夫がすでに交易活動で忙しくタイ国境を往来していたころ、王さんの父はチェンラーイ市内で雑貨を売る店を営んでいた。その父の店に、王さんの今の夫が交易のために頻繁に来訪し、家族ぐるみで顔見知りになったのが結婚のきっかけであった。どちらが縁談の話をもちかけたのか王さん自身も覚えていないほど、彼女の意向は問題にされなかった。王さんの話では、彼女の父親が夫を気に入ったとのこと。結婚の決め手ともなったのは、王さんの母方の祖父が雲南系ムスリムであったことだった。

王さんの家族のなかにすでに雲南系ムスリムの血筋があったため、将来夫となる男性に対しての信頼も篤くなったという。王さんは改宗して結婚し、チェンラーイにしばらく居住していたが、やがてチェンマイ県の山岳地帯付近に移住した。さらにその後、チェンマイのバーン・ホー・モスクがある一帯に再移住して現在にいたっている。その間、男二人女一人を授かった。王さんは雲南語はあまり理解できず、夫を含め家族とはほとんどタイ語で話している。

王さんの事例は、華人系タイ人家族には、交易活動を通じて雲南系ムスリム男性と出会う機会があったことを示している。交易に従事する雲南系ムスリムが仕事上なんらかの利害関係や接点をもっていた相手やその家族が結婚相手となったケースである。そこには偶然の出会いもあるといえるが、王さんの場合は父親による判断が強く作用した。当事者である王さんに結婚相手を決める権限は一切なかった。王さんは結婚に際して、「女性は結婚したら男性に従って生きていきなさい」と強く両親から説得されたと語ってくれた。王さん自身にとっては夫がムスリムであることは結婚の支障にはなってはいない。むしろ、王さんの親類にはすでに雲南系ムスリムがおり、そのことが夫との結婚を決定づけたのである。

このように、交易活動が繰り広げられる山岳地域が雲南系ムスリム男性にとって女性との出会いの場となり得たことは、改宗してムスリムとなった他の女性たちの事例からも知ることができる。たとえば、バーン・ホー・モスクからほど近い朝市で豆乳やあげぱんを作って売っていた山地民カレン族の女性にインタビューしてみたところ、姉妹そろって雲南系ムスリム男性と結婚していると語ってくれた。どこで出会ったのかと聞くと、交易のために山やまを巡っている雲南系ムスリム男性は、彼女たちの故郷の村のあたりにも来ていたので、結婚する以前から山地民との接触があったと答えた。結婚の理由については、雲南系ムスリムは経済的に豊かだから、というきわめて現実的な返答であった。

このように、タイにおける雲南系ムスリム社会は多様な出自をもつ女性を取り込んで再形成されたため、中国の回民社会とは異なり、イスラームの文化と規範が家庭内で継承されにくい環境にある。また、出自や宗教に共通基盤がある雲南系ムスリム男性と違って改宗女性にはそれらの文化宗教的資本が脆弱である。そのため、モスクでは改宗女性のためにクルアーン勉強会が定期的に開催されているほどである。

しかし、他方ではボーン・ムスリムとしての出自に自らのアイデンティティのよりどころを強く求め、異郷で力強く生き抜いている女性もいる。以下では、そのような例としてパンロン人女性のケースを紹介する。

ビルマ北部のシャン州パンロンには、かつて雲南系ムスリムのコミュニティが存在していた。一八七〇年代に形成されたこのコミュニティは、日本軍がビルマを経て中国に進軍する二〇世紀半ばまで活発な交易活動によって繁栄していた。この地に生まれ育った人たちは、地名にちなんで自分たちをパンロン人（邦隆人）と呼んでいる。二〇世紀半ばに再形成されたタイの雲南系ムスリム移民コミュニティには、このビルマから来た回民であるパンロン人も少数ながら含まれている。

パンロン人ディアスポラのはじまり

パンロン最後の首長、馬美廷の遺影

パンロン人の由来は、一九世紀半ばに雲南の大理に君臨していた回民指導者である杜文秀（一八二三～一八七二）の軍裔にさかのぼる。雲南を含め中国に生きる回民は、漢人の政治的支配下にありながら、自らの生存基盤と宗教的伝統を維持してきた。しかし、一九世紀に入り、雲南における両者の関係はしだいに武装闘争へと変化した。闘争は雲南各地のムスリムの間に広まり、雲南西部では杜文秀が自らをスルターン・スライマーンと称し、一八五六年に大理を攻略して独立政権をうち建て、清朝に抵抗した。しかし、清軍の攻撃を受けて劣勢に陥った杜文秀は、一八七二年に服毒自殺した。翌年、大理は陥落し、杜文秀の残党は抗戦空しく一八七四年に平定された［中西　二〇一三］。杜文秀の乱と呼ばれるこの事件の後、杜文秀に従っていた将領たちが雲南から逃れてビルマのワ州（当時）に移動し、最終的にパンロンの地にたどり着いた。彼らの子孫がパンロン人である。

パンロンの雲南系ムスリムはビルマで開村して以来（一八七五年にモスクが建立された）、この地をビルマでも有数の交易の拠点として繁栄させてきた。当時アヘンの流通の地として有名であったパンロンには、雲南や周辺諸国の商人が集まり、さかんな交易が行われていた［Forbes 1986］。しかし、二〇世紀に入り、ビルマをめぐる国際情勢が変化するにつれ、パンロンにもその影響が及ぶようになる。ビルマは一九世紀以来イギリスの植民地であったが、二〇世紀前半には中国進出をねらう日本軍の前線基地ともなった。一九四〇年代に入ると、日本軍は雲南へ抜ける途上にあるパンロン村を襲撃し、村を破壊した。これが一つのきっかけとなり、パンロン人は住処を失い、ビルマ国内のみならずタイをはじめ周辺諸国へと離散することになった［王　二〇一六、木村　二〇一六］。

離散後のパンロン人の帰属意識

しかし、パンロン人の誇り高さと民族への帰属意識は、離散後のいわゆるディアスポラ状況にあっても強く維持されてきた。タイの雲南系ムスリム社会のなかでは、だれがパンロン人なのか外見ではほとんどわからない。そもそも外部者には「パンロン人」という集団がいるということすら知られていないことも多い。それでも、彼らの帰属意識や絆は、以下で紹介するエピソードに見られるように、彼ら自身による語りや宗教実践を通して立ち表れてくる。

一九九八年、私はチェンマイ市内に住む雲南系ムスリム一世男性のライフヒストリーを聞くためにあちらこちらのお宅を訪問していた。そのインタビューをしたうちの一人に合芝光氏がいた。このとき、調査中に同席していた妻の馬蕊香さんはほとんど何も話してくれなかった。ところが、あまりにも頻繁に馬さん宅を訪れ、根ほり葉ほり話を聞く私に心を開いてくれたのか、あるとき話の途中で馬さんが、自分はビルマ生まれの雲南系ムスリムで、「パンロン人」なのだ、と自らの出自を語り始めたのである。その後、一九九九年二月上旬に再び訪れた私に、馬さんたちはパンロン人の歴史について書かれた冊子を見せてくれた〔明光熙編著『滇緬邊境邦隆「回教」百年滄桑見聞録』(一九九八年)〕。さらに、馬さんは一枚の写真を自慢げに見せてくれた。

それは髭をはやした貫録ある雲南系ムスリム男性の写真であった。馬さんは、「この人はパンロン人の首領だった私の祖父です」と説明してくれた。続いて「これはパンロン人の大切な歴史です。ぜひ持って帰ってコピーし、大切に保管してください。そしてこのことをみんなに伝えてください」と言った。この合＝馬夫妻との出会いをきっかけに、「パンロン人」が雲南系ムスリム社会のなかでも、独自の民族的宗教的な意識にこだわっていることがわかってきたのである。

それでは、馬蕊香さんはどのような経緯でタイに暮らすようになったのだろうか。次にそのライフヒストリーを紹介してみたい。

パンロン人・蕊香さんのライフヒストリー（1）――戦乱による家族の分断

馬さんは、一九三二年にパンロンで生まれた。幼いころは不自由ない暮らしであったという。しかし、彼女が一二歳のとき日本軍がパンロンに進軍してきて以来、パンロンでの生活は一変した。村内の大きな家はすべて焼かれてしまった。生命の危機に直面した馬さんは機転を利かせ、避難中の生活に困らないよう服のなかに家の財産であった黄金を隠して、命からがら村から逃げた。

その後、馬さんは父、母、兄、姉、祖父、それに叔父とともに各地を転々とした。まずはパンロンから北に離れたクンロンに避難し、一三歳のときにビルマのラーショー、そしてムパンに逃げた。落ち着いたころあいをみて、馬さんたちは再びパンロンに戻ってきたが、今度は地元民族のワ族に攻撃され、結局、馬さんが一四歳のときにパンロンから脱出した。一番上の姉と兄の妻、母、父の妹と一緒に中国・ビルマ辺境に移動して、三〜四か月の間、身を隠した。着の身着のままで、母、父方の叔父とその妻、そして彼らの娘と一緒に雲南省の耿馬（Gengma）に逃げた。そこに母の兄が暮らしていたからである。耿馬で、別ルートで夫とともに逃げてきていた馬さんの姉と再会した。馬さんが一五歳から一八歳までの間、彼女の家族、親族は身を寄せ合って生活をしのいだ。

戦火を逃れたのもつかの間、雲南ではちょうど国共内戦が激化しており、どの村でも治安が悪化しはじめていた。馬さんは一七歳のころ、逃げ場を求めて雲南からビルマに戻り、「ライモー山」というところに数か月身を隠した。しかし、その地でも安住することができず、一八歳のときにタンヤンに逃げた。当時、タンヤンは故郷を失ったパンロン人のビルマにおける集住地域となっており、多くのパンロン人が身を寄せ合うように暮らしていた。タンヤンでは、パンロン人を含む中国系ムスリムたちはたとえば布の販売やヒスイの取引などを生業として順調に暮らしていた。馬さんは、このタンヤンで後に夫となる合芝光氏に出会った。合芝光氏は雲南の保山出身の回民で、国共内戦がしだいに激しくなる村で身の危険を感じ、単身でタンヤンに逃げてきたのである。二人はここで生活を共にはじめたという。

合＝馬夫妻はいとこと一緒にある商売をしていた。彼らは、それがヒスイなのか何なのか詳細は語ってくれなかったが、「いとこの息子や親族に騙されて、ビルマでお金はすべてなくなってしまった」という。身内の裏切りによって暮らし向きが悪くなった夫妻は、馬さんが三二歳のときにビルマを離れる決意をした。馬さんは先にチェンマイに逃げていた姉夫婦をたよってタイへ、そして夫の合さんはラオスのヴィエンチャンへ仕事を探しに行った。生きる術をさぐりつつ、夫妻は別々に暮らすことになったのだが、馬さんが三六、七歳のころ（一九六七年前後）、ようやく夫妻はヴィエンチャンで合流し、一緒に暮らすことができるようになった。合氏は漢方医として開業し、馬さんは漢方薬を煎じる手伝いをした。一九七四〜七五年ごろ、ラオスの政治や経済が不安定化したため、夫婦でタイにもどることにした。そのとき夫妻は、まずビルマのタイ国境に近いターチーレイッにいき、そこから南下してタイに入ってメーサイにいる父の妹の娘夫婦の家に身を寄せ、そしてチェンマイにやってきた。移住後、合さんは再び漢方医として開業した。

馬蕊香さんは三人姉妹で、兄が一人いた。一番上の姉は日本軍がパンロンの村に攻め込んできたとき、馬さんとともに雲南にいったん逃げた。その避難生活の間に雲南系ムスリム男性と結婚した姉がどのように移住したのか経緯は明らかではないが、しばらくはビルマで暮らしていた。しかし、その後ビルマでは暮らすことができず、子どもたちを連れてタイに移住してきた。二番目の姉は台湾に移住した。一方、兄は国民党軍がビルマに南下したときの戦乱に巻き込まれて殺されてしまった。もっとも、今でも話すのが辛いのか、馬さんは兄が殺されたことについてはほとんど語ろうとはしなかった。こうして一家は離散の道をたどっていったのである。

インタビューを重ねるなかで聞いた、馬さんの次の言葉が忘れられない。「私は小さいときから機転が利いた。わずか一四歳の時に、混乱のなかにあって黄金をしっかり身に包んでパンロンから逃げ出したんだからね。おかげでその後の暮らしはなんとかできたんだよ」。その毅然とした口調からは、国境を何度も越えて生きぬいてきた女性の逞しさと強い信念がしみじみと伝わってきた。

パンロン人・馬蕊香さんのライフヒストリー（2）――離散した人びとをつなぐ親族関係

馬蕊香さんは苦しい越境経験のなかにあっても、決してパンロン人の出自と誇りを忘れることはなかった、と語る。それは上述のパンロン人の歴史を綴った小冊子と祖父の遺影を大事にしていることからもよくわかる。そうした故郷への熱い思いは、観念的なものにとどまっ

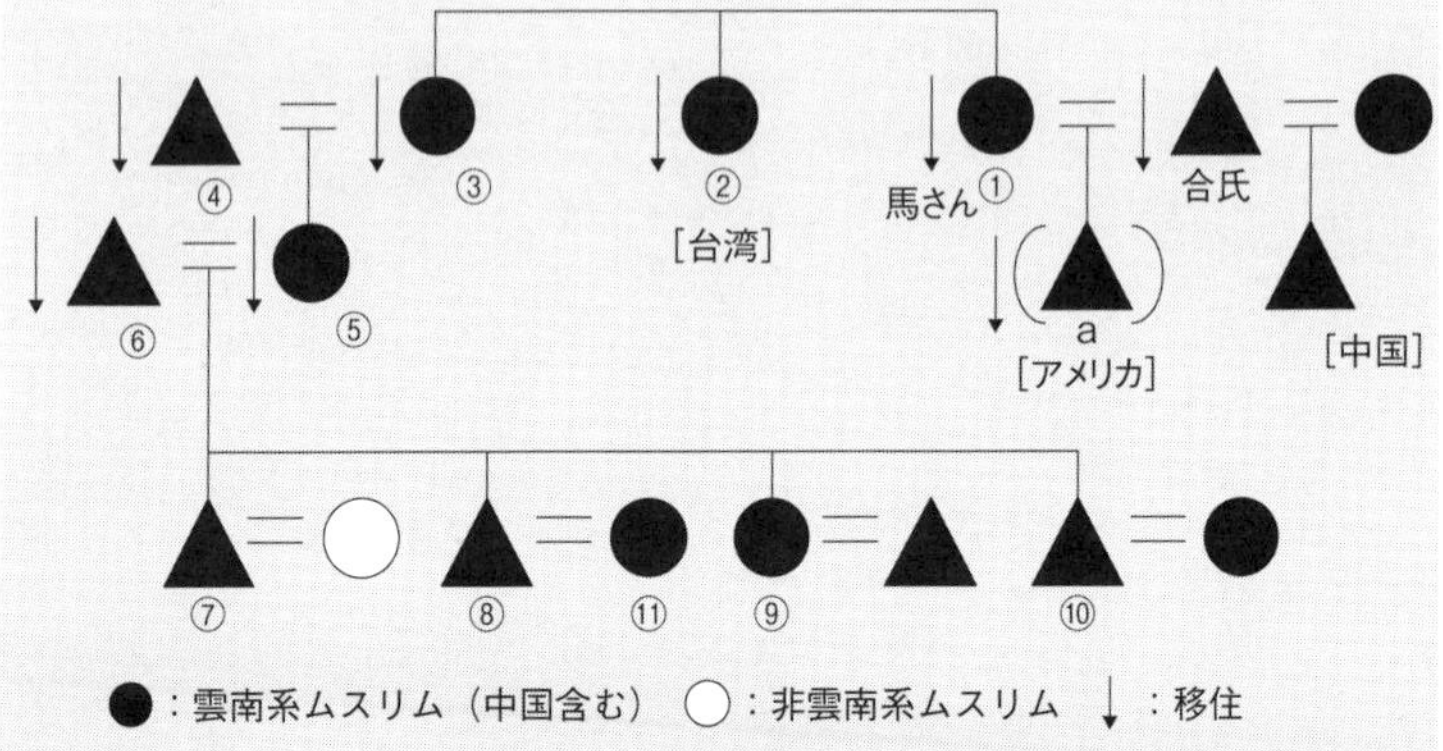

図　合氏・馬氏の親族、姻戚関係

ているわけではなかった。故郷との繋がりを確認していく強い意志は、新たな社会関係を生み出すうえでも発揮されることになった。それを示しているのが図に見られる馬さんと合氏夫妻の親族関係である［王二〇一二］。

　この図からわかることは、まず馬さんの親戚・姻戚関係が中国、台湾、アメリカ、タイと広く展開していることである。中国にいる姻戚は、合氏が中国に残してきた妻とその家族である。アメリカにいるのは、合＝馬夫妻の養子である。夫妻には子どもがいなかったので、彼らは男の子を養子（a）とし、ラオスで育てていた。その後、この養子はラオスからアメリカに留学し、現在はアメリカに住んでいる。また、台湾には二番目の姉の家族がいる。こうした国を越えた一族の広がりは、命をつなぐため、あるいは生き延びるためにとった離散という手段の結果であると言える。

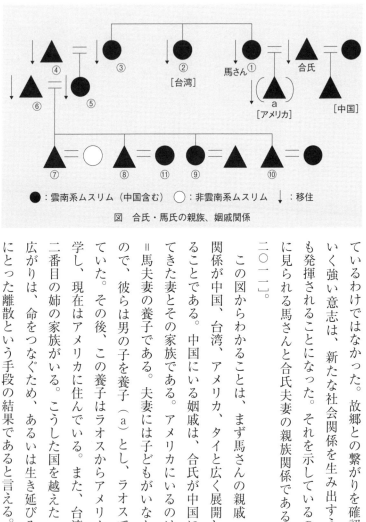

その一方で興味深いのは、タイに越境した後のパンロン人の末裔たちが同郷人同士の結婚を志向してきたことである。馬さんの親族・姻戚関係からは、彼女の一族が雲南系ムスリム一般の傾向とは異なり、ムスリムとの結婚にこだわり、イスラームの規範を維持しようとしてきた様子がうかがえる。パンロン人の婚姻関係の特徴を考える事例として、馬さん一族の関係をもう少し具体的に見てみよう。上述したとおり馬さんには二人の姉がおり、二番目の姉②は台湾に移住している。一方、馬さんの一番上の姉③の一族はチェンマイに住んでいる。馬さんと同様、この姉は日本軍がビルマのパンロンを攻撃したときに被害をうけ、タンヤンに避難したのだが、その時、雲南の沙甸生まれのムスリム④に出会い、結婚して子どもを授かった。子どもの数についての詳細はわからないが、このうちの一人⑤を含めた数家族が現在、チェンマイ市に住んでいる。他方、この姉自身③はチェンマイ市近隣のドイサケットに住んでいたが、すでに他界している。

以下は上述した姉の娘⑤の家族についてみていきたい。この娘がタイにきたのは一〇代前半のころであった。彼女は一九五〇年代ごろに北タイに移住し、一〇代後半か二〇代になったばかりの頃に、二〇世紀後半に難民としてチェンマイに移住してきた雲南系ムスリムの男性⑥と結婚する。この男性⑥は、一九二七年生まれの雲南省通海県大回村の出身で、二〇歳前後の時に、国共内戦で荒れる中国を出て、タイに避難してきた。彼自身の語るところでは、雲南に両親と姉を残し、家族の写真を隠し持って、命からがらで中国を逃れたという。結婚当初しばらくの間、この夫婦はチェンマイ県ファーン郡の「難民村」バーン・ヤーン村で生活していたが、その後、チェンマイのバーン・ホー・モスク近郊に再移住してきた。

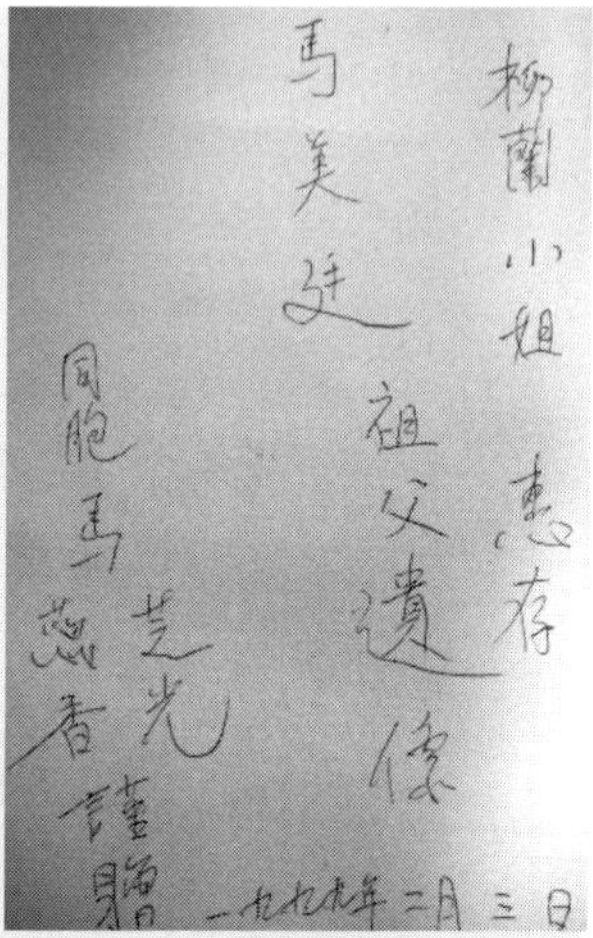

馬夫妻から遺影の後ろに頂いたメッセージ

　さて、この夫婦（⑤と⑥）の間には、四人の子どもが生まれた。このうち、二〇一六年現在、四人の子どもすべてが結婚しているが、興味深いのはこの若い世代においても、もともとムスリムだった人と結婚している点である。長男⑦はチェンマイで知り合ったインド・パキスタン系のムスリム女性と恋愛結婚した。それ以外の次男⑧、長女⑨、三男⑩はすべて雲南系ムスリムと結婚した。このうち、次男⑧の結婚相手⑪は馬さん①の親戚で、今はチェンラーイ県に住んでいるパンロン人一家の出身である。この若夫婦（⑧と⑪）は、合＝馬夫妻の紹介による見合い結婚で、結婚後はタイの東部にあるラヨーン県に仕事の都合で引っ越した。

　このように、合＝馬夫妻の一族の事例は、移住を重ねてきたパンロン人たちが、ムスリム同士の通婚関係を繰り返してきたことを示している。

ここで取りあげたのは、主にチェンマイにおける一事例であるが、「難民村」にも、少数ながらパンロン人が定着している。たとえば、一九九八年、私は上述のチェンマイ県ファーン郡にある「難民村」のひとつバーン・ヤーン村で調査をしていた時、偶然、村の朝市でパンロン出身のムスリムに出会った。彼女の話によると、村にはパンロン人が約一〇家族ほどいるという。彼女自身は、約一〇年前にビルマから北タイの「難民村」に移住してきた。また、パンロン人はビルマから再移住を繰り返しており、タイ国内のみならず日本を含め海外に住んでいるケースもある。いずれにせよ、彼らは、パンロン人としての自意識を守り、お互いの「顔が見える」関係を大切にしている。

共同体への奉仕――帰属意識の表れとしての宗教実践

このように、パンロン村にルーツをもつ雲南系ムスリムの末裔のなかには、血縁・地縁によるネットワークを柔軟に活用しながら、タイ社会のなかで自らの「パンロン人」としてのアイデンティティを確かなものにしようと模索してきた人びとがいる。イスラームの規範を大事にするパンロン人は、婚姻のみならず日常的な実践においてもイスラームの規範を強く意識し、同時にパンロン人同士の繋がりをつくっていく工夫をしてきた。そのひとつとして

チェンマイにある雲南系ムスリム商人の旧家

喜捨がある。

ムスリムにとっての信仰上の義務は、六信五行と言い慣わされる。内面的な信仰箇条としての六信に対し、信仰行為にあたるのが五行である。具体的には信仰告白、礼拝、喜捨、断食、巡礼の五つであり、それらの実践はムスリムの社会生活とも密接に関係している。タイ北部の雲南系ムスリム社会においても、五行にまつわる儀礼は彼らの年中行事として重視されてきた。たとえば、モスクは雲南同郷者の社会的結合の場としての役割を持っている。モスクは信仰告白や礼拝をおこなう宗教的な場所であると同時に、断食月と断食明けの祭り、巡礼のための講習会など、信徒を結びつける多様な実践の場として機能してきたのである。なかでも断食月と断食明けの祭りはとくに雲南系ムスリムの

パンロン出身の子どもたち

儀礼が活発化する時期であるが、その時期にはムスリムとしての喜捨の精神がエスニシティをも強化する傾向がある［王　二〇一六］。

たとえば、先に紹介した馬さんは、熱心な信徒で、一日五回の礼拝は言わずもがな、マッカ（メッカ）巡礼にも四回は行ってきたという。そのうち一回は亡き兄のため、二回は亡き両親のため、一回は自分の善行を積むために巡礼をしてきた、と馬さんは言う。一般に、ムスリムにとって善行を積むことはよき来世につながるとされており、あらゆる機会を通じて善行の実践が促される。たとえば断食月はムスリムにとって最も神聖な時期とされているが、雲南系ムスリムが通うバーン・ホー・モスクでも、断食月の三〇日間、連日夜にはその日の断食明けに合わせて礼拝が行われ、さらに食事が提供される。

その食事はすべて熱心なムスリムの喜捨によって賄われている。

話を馬さんに戻すと、馬さんにとって断食月はまさに喜捨を活発に行う月であった。馬さんはモスクの教師に喜捨するのみならず、パンロン系のイマーム（宗教指導者）への喜捨を欠かすことはなかった（二〇一五年時点で、そのイマームはビルマに再移住していた）。さらに特筆すべきは、馬さんがこの時期必ず、とくにタイ北部のイスラーム学校に留学しているパンロン人ムスリム約二〇名のために喜捨をおこなうことを欠かさない、ということである。馬さんはいう。「パンロン人はタイで一生懸命イスラームの勉強をしている。私はこの子たちを支えていきたい」。この馬さんの言葉は、彼女がとくに他の集団とは別にパンロン人の間での相互扶助を重視していることを示している。しかも、その相互扶助の形は、あくまでもイスラームの実践を軸にしている点が重要である。馬さんはパンロンという故郷を意識しつつ、ボーン・ムスリムの女性としてイスラームの実践を通してパンロン人、ひいては雲南系ムスリムの間でイスラームを活性化させようとする役割を積極的に引き受けているのである。

おわりに――女性たちの邂逅から移民社会をよみとく

移民社会は雑種社会である。本章で紹介した雲南系ムスリム社会の場合は、男性の出身コミュニティをベースに、外部社会出身の女性を配偶者として受け入れて家族が作られ、新たなコミュニティが形成される。異郷という環境にあっては、もともと同質的であったムスリム社会も、他者との邂逅を通して変容を遂げ、脱皮していく。タイの雲南系ムスリム社会については、しばしば男性の論理に沿って、同郷、同言語、同一宗教にもとづくネットワークの重要性が強調される傾向があるが、果たしてこの社会のなかで女性たちの存在はどのように位置づけられるのだろうか。

その問いを考えるひとつの事例として、本章では、越境を繰り返す厳しい生活を生きぬいてきたタイ北部の雲南系ムスリム女性に焦点をあてた。とりわけボーン・ムスリムとしての自意識を強く持つパンロン人女性のケースは、現代史のなかで暗転した歴史的経験をもちながらも、誇りをもって社会の再形成に貢献しようとした人びとがいたことを教えてくれる。家族レベルで見られた集団内での結婚や親族関係を通して、異郷にありながら「故郷」を実体化させようとする動きとも捉えられる。同時に、宗教面でも喜捨は同胞間の繋がりを可視化する役割を果たし、家族意識や血縁意識のみならず、ムスリムとしての自意識の発揚にもつながっている。

移民の第一世代に含まれるこれらのボーン・ムスリムの女性たちの地道な努力は、どのように次の世代に継承されていくのだろうか。たとえばパンロン人の場合、パンロン人という意識は、もはやなんら社会的資源にならない観念的なものとして、やがてはかなぐりすてられてしまうのであろうか。今後の変化を担い、方向づけるのは、やはり次の世代のパンロン人たちが、遠く離れたパンロン人同士を今後も「顔の見える関係」にしていくことができるのかどうかにかかってくると思われる。他方、パンロン人という集団内部の問題を超えて、改宗ムスリム女性とボーン・ムスリム女性の間によき相互作用が生み出されるとき、雲南系ムスリム・コミュニティのイスラーム実践における女性の役割がより鮮明に見えてくるのではないかと思われる。他者との邂逅、その相互作用を組み込んで成長していくのが移民ムスリム社会の出発点であるとすれば、その理解の起点はまず女性と男性の出会いに求められるはずである。移民社会の邂逅を女性の視点から考えるとき、また女性たちの多様な背景に加えて、コミュニティの文化や宗教を次の世代に引き継がせるにあたって重要な役割を担う存在として女性たちを理解することで、私たちは移民社会をより動態的かつ多面的にとらえることができると思われる。

参考文献

今永清二『東方のイスラム』、風響社、一九九二。

王　柳蘭『越境を生きる雲南系ムスリム――北タイにおける共生とネットワーク』昭和堂、二〇一一。

王　柳蘭「小さき民の越境の歴史を発掘する――ビルマに住む雲南系ムスリム・パンロン人のローカルヒストリーと民族間関係」王柳蘭編著『声を繋ぎ、掘り起こす――多声化社会の葛藤とメディア』京都大学地域研究統合情報センターディスカッションペーパー No.66、京都大学、二〇一六。

王柳蘭「食と宗教―北タイに生きる中国系ムスリム」谷川竜一、原正一郎、林行夫、柳澤雅之編『衝突と変奏のジャスティス』相関地域研究3、青弓社、二〇一六。

木村自『雲南ムスリム・ディアスポラの民族誌』風響社、二〇一六。

サオサワニー・チットムアッド（高岡正信訳）「タイ・ムスリム社会の位相―歴史と現状」林行夫編著『〈境域〉の実践宗教―大陸部東南アジア地域のトポロジー』京都大学学術出版会、二〇〇九。

中西竜也『中華と対話するイスラーム――一七―一九世紀中国ムスリムの思想的営為』京都大学学術出版会、二〇一三。

Forbes, Andrew D.W. The "Panthay" (Yunnanese Chinese) Muslims of Burma, *Journal of Institute of Muslim Minority Affairs* vol.VII (2), 1986.

イスラームと漢語の邂逅――「回回」の変容

中西竜也

前近代中国においてムスリムは「回回《カイカイ》」と呼ばれた。「回回」は、もともと唐代にウイグル人を指した「回鶻《カイコツ》」という語に由来する。ただし八〜九世紀にモンゴル高原に覇を唱えたウイグルは、自然崇拝のほか、マニ教を信奉していた。また、トゥルファン盆地を本拠地とした天山ウイグル王国時代（九〜一三世紀）のウイグルは、仏教徒であった。やがて「回鶻」は、音の近い「回回」の表記と混用され、それらの呼称はウイグル以西のムスリムをも包括するようになった。そしてモンゴル帝国期（一三〜一四世紀）に「回回」は全くムスリムのみを指すようになっていった［田坂興道 一九六四年］。

その後、唐代以来アジア各地から中国に来ていたムスリム移民の、一種土着化した末裔も、身体・言語・文化的には漢化していたが、イスラーム信仰を維持する以上、同じく「回回」と称された。アラブ・ペルシア・トルコ系などさまざまな血統的・文化的ルーツをもつ、この中国化した「回回」は、一六世紀初頭には中国全土に独自の共同体を築いていた。「中国ムスリム」とも呼び得る、彼ら漢語を日常語とするムスリムは、中国社会で少数派として存続するため、非ムスリム中国人にイスラームが邪教でないことを理解させねばならなかった。そこで一七世紀頃から、問題のムスリムたちはイスラームと中国伝統思想（儒教・仏教・道教）の親和性を漢語で説明するようになった。かくして「回回」は再び新味を加えられる。

たとえば、中国ムスリムのスーフィー（イスラーム神秘主義者）、楊保元（一八七三年没）は、その漢語著作『綱常』でイスラームと道教の調和を図り、「回回」を「坎離《カンリ》」と解釈した。道教の内丹思想では、自己体内に流れる「坎」

と「離」の二種の気が人間完成の鍵となる。当該二気を想念の力で化合して「金丹」を錬成し、身体を純粋な陽気で満たすことで、完全な人間たる「真人」となる、とされる。要は、男女交合による嬰児の出産に類比されるこのような手順で変身を目指す者、ないし「真人」となった者こそが、本物の「回回」（ムスリム）だ、と楊保元は述べたのである。

だが自身スーフィーだった彼の「回回」は、文字面では内丹の「真人」を指すかに見えて、実はスーフィズム（イスラーム神秘主義）が究境とする「完全人間」の類を意味したはずである。とあるアラビア語スーフィー文献によれば、そのスーフィー的極致への到達には、自己に潜在する肉体的霊魂と精神的霊魂とを顕在・発動させた果てに「精神的嬰児」（アラビア語で ṭifl maʻānī）なる霊魂の粋を得ねばならぬという。この霊魂純化の過程は、内丹の身体改造のそれと構造上酷似する。果たして『綱常』は、肉体的霊魂と精神的霊魂をそれぞれ「坎」「離」と表現する。結局、楊保元の「回回」＝「坎離」の説は、スーフィズムの霊魂精錬の道程を、内丹的な気の錬金術の工程かと見紛うばかりの言葉づかいで説明したものと考えられる。だからそれは本来スーフィズムの文脈で理解すべきである。とはいえ、当該説が内丹流に読み解かれ、非ムスリム中国人にイスラームと道教の相似が認識されることも、楊氏の狙いだっただろう。

ところで、「坎」とは陽気を含んだ陰気、「離」とは陰気を含んだ陽気のこと。つまり、楊保元は「回」字を構成する二つの「口」字を陰陽の気に見立てて、「回回」を「坎離」に同定したのである。そしてそれにより、真のムスリムとは達道のスーフィーのことだと主張し得たわけである。それは、漢字独特の形象を活用した、中国ムスリムならではの釈義なのだった。まさにイスラームと漢語の邂逅が、「ムスリム」の含意を豊かにしたのである。

さて、ムスリムとほぼ同義の漢語として今一つ「穆民《ボクミン》」の語がある。中国ムスリム自身が造語した、アラビア語のムウミン(mu'min、「信徒」の意)の漢字音写である。当該術語をめぐって、中華民国期(二〇世紀前半)の著名な中国ムスリム学者、王静斎(一九四九年没)が主幹となった漢語定期刊行物『伊光』九七期(一九三八年一〇月発行)の無署名記事「三民主義は果たして宗教信仰に取って代わり得るか?」に次のような説がみえる。「穆民」とは〝正当な信仰を有する者〞の意であって、「穆氏之民」つまり〝預言者ムハンマド(漢字では「穆罕黙徳」などと音写される)の民〞の意ではない、と。王静斎自身のものに違いないこの説は、当時の政治状況と深く関わる。

中華民国の国父、孫文(一九二五年没)は晩年、少数民族を漢族へ同化させて単一の「中華民族」を創成することを唱えた。一九三七年に勃発した日中戦争は、中国ナショナリズムを高揚させ、孫文が企図した国民統合に拍車をかけた。後の一九三九年七月に、孫文の後継者、蒋介石は、中国ムスリムが「回族」を称して自らの民族的特殊性を強調することに懸念を表明した。

王静斎が上の如く「穆民」について釈明したのは、かかる動向に配慮したからだろう。すなわち、中国ムスリムは、預言者ムハンマドを核に集結する独立の「回回民族」ではなく、あくまで「中華民族」の一員たるイスラーム信徒だ、と弁解したわけである。また、彼がそう弁明したのは、彼自身、中国に住む「回回」の人々を、中華民国に帰属する「国民」へ改造する意志があったからでもある。そして、無論そもそもは、かつてイスラームと漢語の邂逅が、アラビア語のムウミンに「穆民」の表記を与えたからでもある。

いっぽう民国期の中国ムスリムのあいだでは、自らが「中華民族」の不可分の一部でありつつ「漢族」とは異なる集団でもある、との意識が次第に強まっていった。現在

中国建築風のモスクに集う回族の男性たち

中国のあるムスリム聖者廟（四川省閬中市・久照亭）の扁額。「心を回《かえ》し青に回《かえ》る」。「回回」釈義の一つか。

「回族」が中華人民共和国の少数民族のひとつに数えられているのも、その趨勢の結果である。ただ、中国ムスリムが使用するアラビア語・ペルシア語まじりの漢語は、中華人民共和国の初期こそ「回族」を「漢族」から区別する標徴として特別視されたが、最近は単なる漢語の変種との位置づけに落着している。イスラームと漢語の邂逅による「回回」の変容は、現代にも継続したというべきか。

参考文献

田坂興道『中国における回教の伝来とその弘通』上巻、東洋文庫、一九六四年。

イギリス東インド会社がインドに築いた、最初の「植民都市」マドラス。この港町の周辺には、しかし、その建設以前からすでに「ポルトガル人」が定着していた。プロテスタントとカトリック、商人と兵士、男と女。はるばるブリテン島から海をわたって来た人びとが見出したのは、新たな隣人か、それとも旧知のライバルか。

5　異郷の隣人か信仰の敵か
——草創期のマドラスにおける「ポルトガル人」

和田郁子

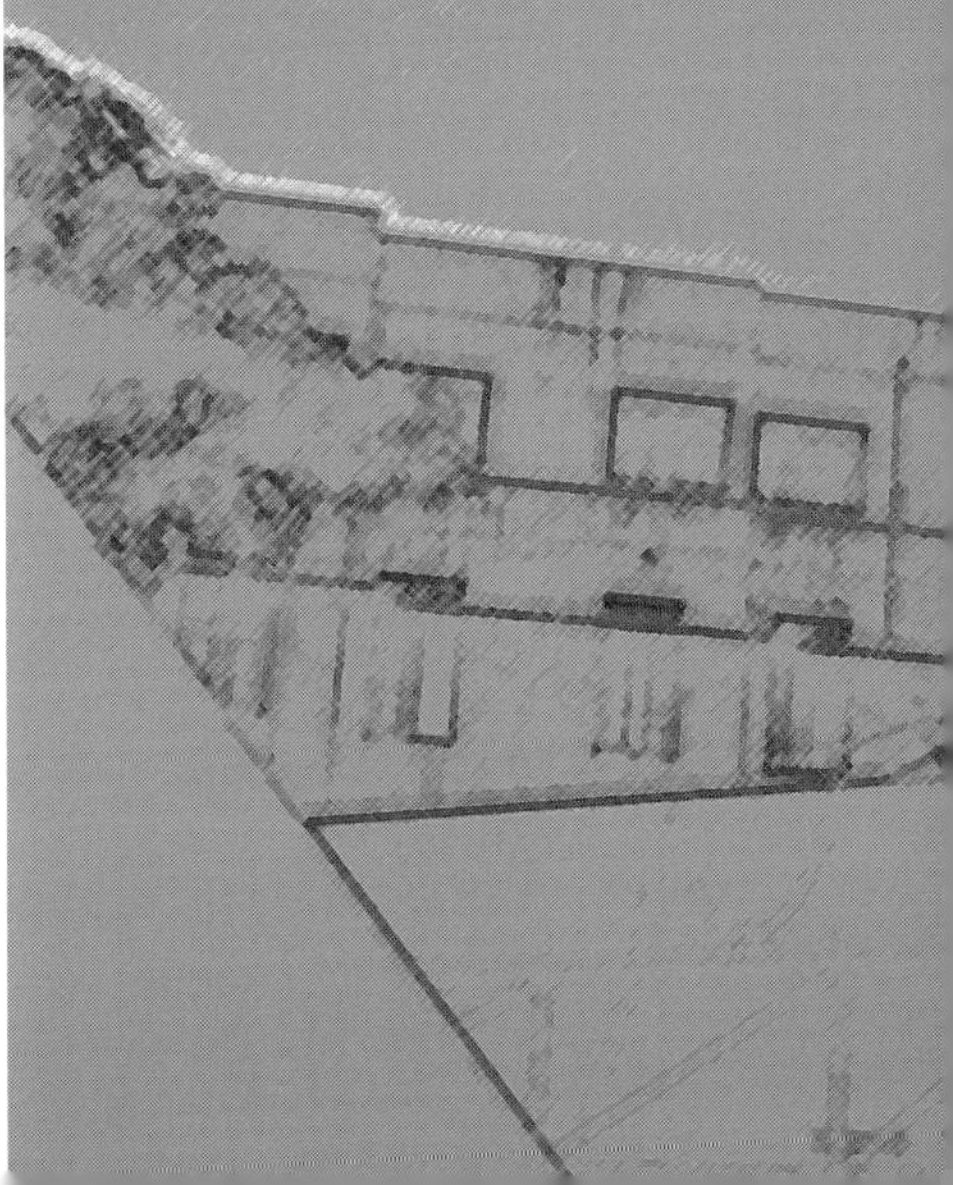

はじめに——ジョージタウンのカトリック聖堂

インド南部の海港都市チェンナイの旧市街ジョージタウンの一画に、「アルメニア通り《アルメニアン・ストリート》」と呼ばれる通りがある。今から約十年前、ここに残る古いアルメニア教会を調査するため、この通りを訪れたことがある。南インドの灼熱の太陽の下、行き交う人びと、自転車、バイク、リキシャーなどで往来はごった返していた。しかし、この通りの名の由来であるアルメニア教会の敷地に一歩踏み入れると、そこは生い茂る木々と石造りの建物が日差しを遮る静寂の空間であった。私たちの一行のほかに人影はなかった。案内をしてくれた土地の人によれば、チェンナイにはもはやアルメニア人は住んでいないという。建物や墓地を見て回りながら、時の流れの無常さが身にしみて感じられた。

アルメニア教会から出てくると、通りには色とりどりの花を売る露店が並んでいた。ヒンドゥー教の寺院の近くなどでもよく見られる光景である。何気なく眺めていたところ、ここでは花のほかにキリスト教関連の聖画なども売られているのが目についた。閑散としたアルメニア教会の門前にしては不釣り合いな様子である。不思議に思ってよく見ると、すぐ近くに教会らしき建物があった。歩いていってのぞいてみると、それはカトリック教会であった。クリスマス直後ということもあってか、近隣の人と思しき参拝者が長蛇の列をなしていた。主を失ってひっそりと佇むアルメニア教会と、多くの人で賑わうカトリック教会の光景は好対照をなしており、忘れがたい印象的な記憶となって残っている。

このとき私が見たカトリック教会は、今日、聖メアリ準司教座聖堂と呼ばれている。この教会が立つアルメニア通りは、かつて港町マドラスの、ブラック・タウンと呼ばれた外城外の街区の一部であった。この通りにカトリック教会が建てられたのは、一七五〇年代、すなわちマドラスの町の始まりから約一〇〇年後のことである。しかし、もともとマドラス最初のカトリック教会は、当時の軍事・行政の中心であった聖ジョージ要塞にほど近い、いわゆるホワイト・タウンの中心部にあった。マドラスと言えば、イギリスとの関係がまず思い浮かび、イギリスと言えば国教会のイメージが強いが、実のところ、町の誕生後間もなく他の宗派に先駆けて造られたのは、このカトリック教会であった。イングランド国教会の聖職者《チャプレン》が初めてマドラスに派遣されてきたのは、その数年後の一六四六年である。

当時のブリテン諸島やヨーロッパ大陸の社会状況を考慮すると、これはきわめて興味深いことである。一般に、イングランドにおいてはエリザベス一世の時代（一五五八〜一六〇三年）に宗教改革が完成し、プロテスタントの国教会体制に落ち着いたとされる。イギリス東インド会社が成立するのはエリザベスの治世末期の一六〇〇年であり、その頃にはすでにカトリックは明らかに少数派となっていた。しかし、一七世紀にはカトリックの王妃が続き、国王も親カトリック的政策に傾くことがあった。また、貴族の五人に一人はカトリックであったと言われており、支配層に根差したカトリックは、イングランド社会ではその実数以上に「脅威」と感じられていたという［指 二〇〇〇］。東インド会社においても、プロテスタント諸派が共存していた一方で、カトリックに対しては強い警戒があった。

そのような時代を背景として、また後述するように、事実上イギリス東インド会社の主導によってつくられた町であるにもかかわらず、マドラスにカトリック教会がいち早く建てられたのは、初期のマドラスに多くの「ポルトガル人」が住んでいたという事情による。本章が注目するのは、これらの「ポルトガル人」とイギリス東インド会社の人びととの邂逅である。イングランド本国から遠く離れた地で、多様な他者に囲まれて生きたマドラスの東インド会社関係者と、同時代の本国の――ピューリタン革命や名誉革命の時期の――人びとは、それぞれの立場において「ポルトガル人」や「現地人」をどのように捉えていたのだろうか。そして、マドラスやイングランド本国をめぐる政治社会情勢が揺れ動く中で、その認識はどのように変わっていったのだろうか。このような疑問から、一八世紀半ばまでのマドラスの草創期における「ポルトガル人」とイギリス東インド会社の関係を、公的な側面に加えて、「ポルトガル人」女性との結婚をはじめとする男女関係に関わる具体的な事例を通して見ていく。それにより、「異なる」人びとへの多様な認識のあり方と、その変容の有様を示すことができるだろう。そのうえで「異文化」とは何か、他者との接触は「異文化」の解釈にどのような変化をもたらすのかを考えてみたい。

砂浜《ビーチ》に現れた町——聖ジョージ要塞とマドラスの建設

周知のように、英領インドの主要都市として知られたマドラスは、今日ではチェンナイと呼ばれ、インド共和国タミル・ナードゥ州の州都にして南アジア有数の大都市となっている。しかし、一六三九年にイギリス東インド会社のアルマガオン（アールムガム）商館長フランシス・デイが現地の領主《ナーヤカ》からこの地の租借権と要塞建設の許可を得たとき、そこは少数の漁民が住む小さな村にすぎなかった。

その寒村がイギリス東インド会社の拠点として適当だと考えられた主な理由は、ナーヤカから免税をはじめとする特権が提示され、有利な条件での交易推進が見込まれたこと、周辺に主要輸出商品である綿布を安価に入手することができる生産地があったこと、そしてここが要塞建設に適した地形をしていたことにある。当時、イギリス東インド会社はインド亜大陸での活動拠点として、ムガル帝国（一五二六～一八五八）随一の海港都市であった北西部グジャラート

17-18 世紀のインド（主要都市と港町）

地方のスラトや、デカン地方のムスリム王朝ゴールコンダ王国（一五一八～一六八七）の主要港として栄えていた南東部コロマンデル海岸のマスリパトナムなどに商館をもっていた。しかし、強力な現地政権の統治下にあるこれらの港町では、それらの政権の意向に従う必要があった。同じ町に商館を置いていたオランダ東インド会社をはじめとするヨーロッパ系の会社や商人とだけでなく、ヒンドゥー教徒やジャイナ教徒、あるいは南アジアや西アジア出身のムスリムを含むさまざまな商人たちとの競争もあった。また、たとえ兵士に守られていても、街中の商館では防備に不安があると思われていた。そのためイギリス東インド会社は予てから、ポルトガルやオランダ東インド会社がすでに持っていたような、要塞を備えた拠点を確保したいと望んでいたのである［Foster 1906-1927］。

その一方で、最初期のマドラスには、スラトやマスリパトナムに備わっていた海上交易の拠点としての機能が欠けていた。外来の商業組織であるイギリス東インド会社が当時のインドにおいて活動するには、輸出品の集荷においても輸入品の販売においても、あるいは生活必需品の調達などの利便を得るためにも、現地の人びととの経済活動との連携が欠かせなかった。ところが、小村にすぎなかったマドラスでは、そのような経済活動が発達していなかった。この不足を補うため、イギリス東インド会社は周辺地域から商人や職人のマドラスへの移住を促進しようとした。とりわけ、商取引に関する知識を持ち、実際に会社に商品を納入することができ

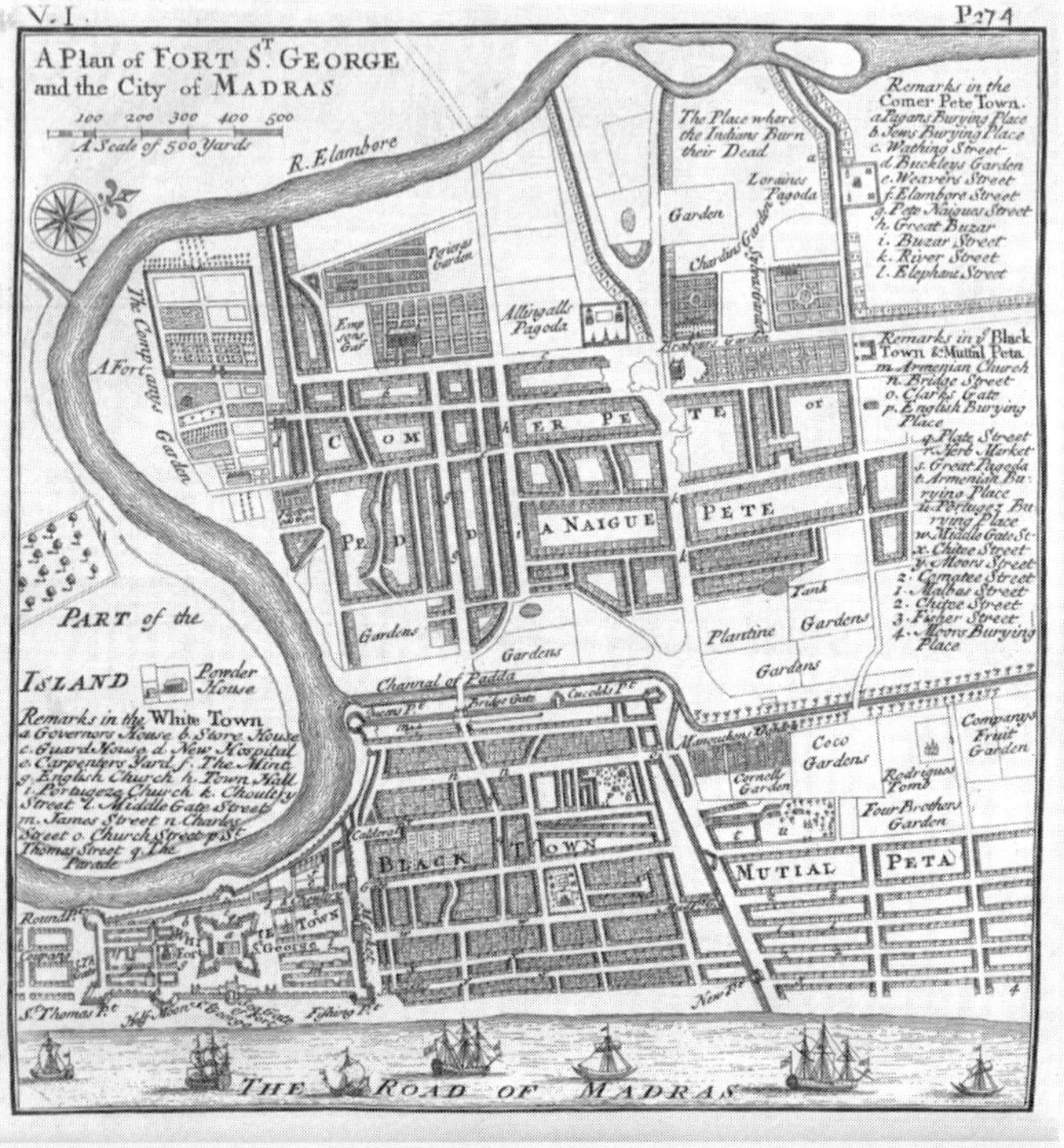

18 世紀前半のマドラス街区図
［T. Salmon, *Modern History: Or the Present State of All Nations*, London, 1739］

る商人や、綿布関連職人をはじめ、有用な技能や知識を備えた人びとを会社は必要としていた。

　一六四〇年二月、イギリス東インド会社マスリパトナム商館長アンドリュー・コーガンが、デイら数名の職員とともにマドラスに上陸した。その後間もなく要塞の建設が始まり、イングランドの守護聖人にちなんで聖ジョージ要塞と名づけられた。一六五三年に最初の要塞が完成し、その周辺にはすぐに人が住み始めた。要塞建設と並行して、一六四四年から四八年にかけて当時あった町全体を取り囲む塁壁が造られた。さらに外城の建設が始まり、一六六一年にその工事が完了した。このように、マドラスは要塞を中心に壁で囲まれた街区をもつ城郭都市として発展していった。

前述の外城の内側は、後にホワイト・タウンとして知られるようになるところだが、一七世紀を通じてここはクリスチャン・タウンと呼ばれていた［Nightingale 2012］。この街区のほぼ中央には要塞が位置し、その周辺に会社関係の建物があった。イギリス東インド会社の勤務者のほか、イングランドその他ヨーロッパ諸国出身の私商人、アルメニア人や「ポルトガル人」がこの街区に住んだ。なかでも人数の多かったのが「ポルトガル人」である。これらの人びとは、マドラスが町として成長していくうえで重要な役割を果したのだが、では彼らは、どこから来たどのような人びとだったのだろうか。以下では、マドラスの「ポルトガル人」のルーツについて見ていくこととする。

サントメの「ポルトガル人」との邂逅

当時、聖ジョージ要塞から五キロメートルほど南にサントメという名で知られた町があった。

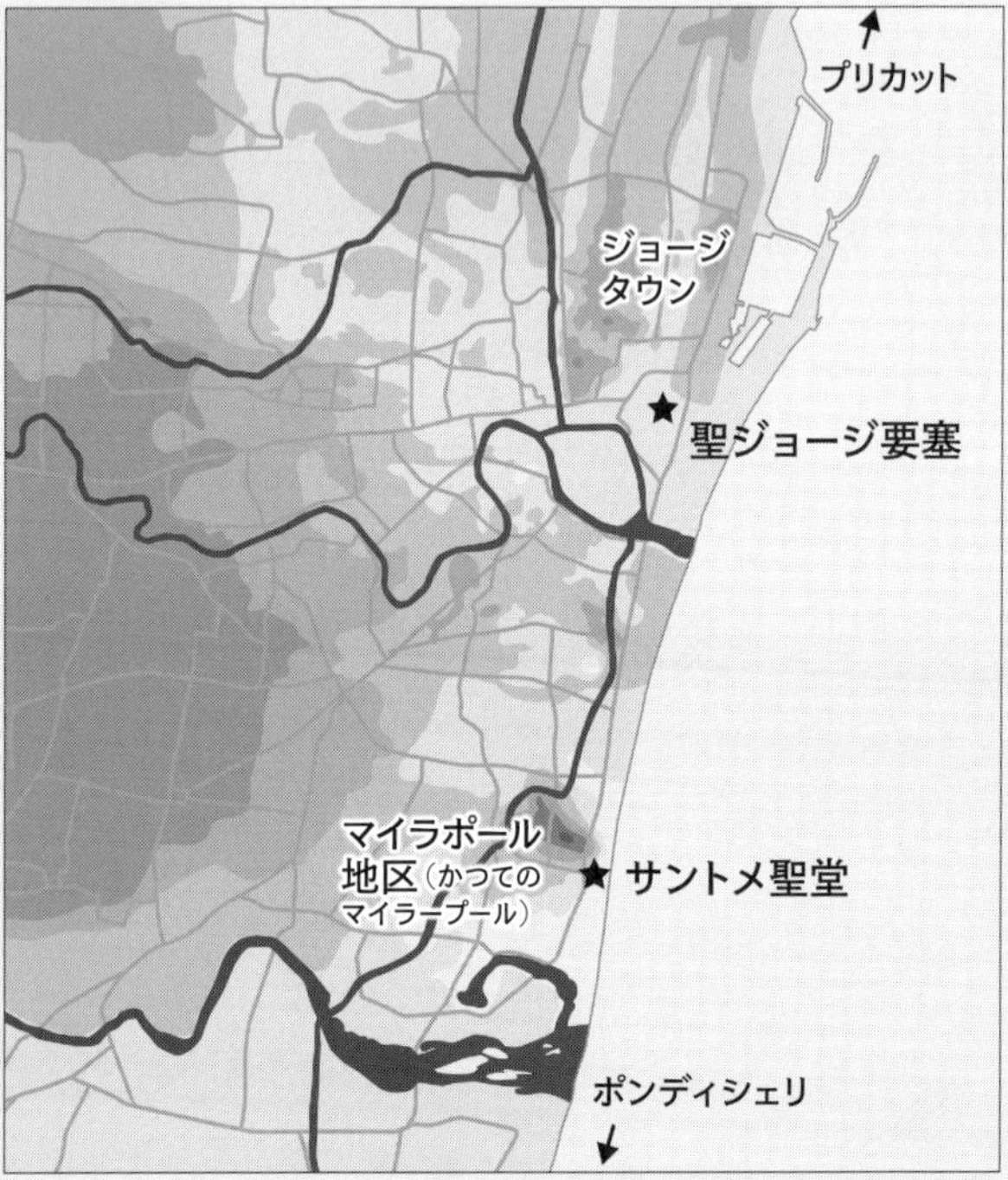

現代のチェンナイ市における聖ジョージ要塞とサントメ聖堂の位置

今日ではチェンナイ市域内の一地区となっているが、ここは古来マイラープールと呼ばれた海港都市で、ローマや中国とも通交があったと言われるところである。この町は、一六世紀初頭にキリストの十二使徒の一人である聖トーマスの墓が「発見」されたと伝えられたことをきっかけに、ポルトガルによって「聖地」として開発され、使徒の名にちなみサントメと呼ばれるようになった。そして、やがてここに定住する「ポ

サントメ聖堂

ルトガル人」が増えていき、居留地が形成された［重松 一九九三］。

インドにおけるポルトガル人の活動といえば、一般にはヴァスコ・ダ・ガマのカリカット（コーリコード）到達（一四九八年）やゴアの建設（一五一〇年）がよく知られている。ゴアは、一五三〇年から「インディア領《エスタード・ダ・インディア》」の首都と位置づけられていた。インディア領とは、ポルトガル王マヌエル一世（在位一四九五～一五二一年）が一五〇五年時点で獲得していた、インド洋海域の各地に散らばる要塞や居留地をまとめて結び、それらの位置する海域に対する主権を主張してつくりあげた組織である。「領」と呼ばれてはいるが、陸上に広がる領土を指すものではなく、散在する拠点を結ぶ線で囲われた海域における交易と交通を管理しようと試みたものであった。

さらに、このような王室貿易とインディア領の経営を中心とする「公的な」ポルトガル人の活動に加えて、その枠に収まらない「民間の」人びとの存在があった。次第に、勤務を終えた元役人や元兵士、私的な商売のために来た商人などの「公的な」職務を負わない人びとが増えていき、インド洋沿岸各地に散らばっていったのである。インディア領の勤務者は、原則として任期（通常三年）の満了後は帰国することになっていたが、その一方で、現地の女性と結婚すれば現地に残ることが認められていた。帰国費用が実際には自弁だったため、多数の元兵士や元船員などがこのような形で居残った。彼らは「既婚者《カザード》」と呼ばれ、その多くがゴア、マラッカ、マカオなどのインディア領の都市に居住したが、次第にその範囲を超えて活動する人びとも増えていった［Newitt 2005; Subrahmanyam 2012; 生田　二〇〇一］。

本章で「ポルトガル人」とカッコ付きで記しているのは、これらの現地に住みついた人びととその子孫である。当時、ポルトガル本国から来る人びとの圧倒的多数は男性であったので、カザードの多くは現地女性と結婚していた。そのため、実のところ「ポルトガル人」社会は常に現地女性とその子どもである「混血者《メスティーソ》」を相当数含んでいた。インド亜大陸では、ポルトガルの「公的な」活動は西海岸に集中していたが、その一方で「ポルトガル人」の活動域はそれらの「公的な」範疇には収まらず、次第に東海岸にも拡大していった。サントメにあったのも、このような「ポルトガル人」たちの居留地であった。一七世紀前半のコロマンデル海岸では、サントメのほかに南部のナーガパッティナムにも同様の居留地が形成されていた。

サントメの「ポルトガル人」は独立志向が強く、ゴアの統制下に収まらなかった。彼らのうちの少なからぬ人びとが商業や交易に従事しており、サントメの町も一六〇〇年頃にはそのような商人たちの海上交易の拠点として繁栄していた。しかし、一六一〇年代になると、近隣の港町プリカットにオランダ東インド会社が定着し、要塞ヘルドリア城を築いて、サントメの「ポルトガル人」たちと軍事的・経済的に激しく対立し始めた。オランダ東インド会社の攻勢に押されて、サントメはその後急速に衰退していった［Subrahmanyam 1990; Stephen 1997; 重松一九九三］。

このような経緯があって、イギリス東インド会社がマドラスにやってきた一六四〇年前後のサントメには、仕事を求める貧窮した「ポルトガル人」が多数暮らしていた。彼らのなかには、ポルトガル語とカトリックの信仰を保持しつつ、土地の言葉であるタミル語を操り現地の商習慣にも通じた人びとが多かった。マドラスを港町として発展させたいと望んでいたマドラス商館長以下の聖ジョージ要塞の人びとにとって、これらの「ポルトガル人」は商館と要塞が必要とする仲介商人や通訳や兵士などにうってつけの人材であった。実際に、聖ジョージ要塞の建設が始まると、多くの「ポルトガル人」がサントメからマドラスに働きに来るようになった。初期のマドラスでは、歴代の商館長が「ポルトガル人」に対して免税特権を与えたり、住居の建設費用を提供したりする優遇措置を取り、マドラスへの移住・定着を促進しようとした［Love 1913; Winius 1994; Guite 2012］。

クリスチャン・タウンの「ポルトガル人」

当初、マドラスで働き始めた「ポルトガル人」のなかには、カトリック教会のミサに参加するため週末はサントメに帰る人びとも少なくなかった。サントメの司教や、コロマンデル海岸で勢力を伸ばしていたオランダ東インド会社やイギリス東インド会社に対抗するためゴアからサントメに派遣されていた役職者などは、当然のことながら、マドラスで働くこのような人びとに不満であった。他方で、イギリス東インド会社の方も、マドラスの「ポルトガル人」がサントメに戻ることによってゴアの影響下に引き込まれるのではないかと危惧していた。

一六四二年、カトリックの修道会のひとつであるカプチン会に属する二人のフランス人神父が、ペグーに向かう途上でたまたまマドラスにやってきた。マドラスの初代商館長となっていたコーガンは、そのうちの一人である神父エフライムに対して、当地の「ポルトガル人」住民のために残ってほしいと要請した。エフライムはこの申し出を受けて、もう一人の神父とともに留まることになった。このとき会社から町の中心部に提供された土地に建てられたのが、本章の冒頭で触れたマドラス最初のカトリック教会である［Love 1913; Winius 1994; Guite 2012］。

教皇を頂点とするカトリック教会体制では、マドラスはサントメ司教区の管轄下に位置づけられるはずであった。しかし、当時のインドのカトリック教会はポルトガル王権の保護を受けており、ポルトガルの「公的な」活動と利害関係の対立するイギリス東インド会社としては、インディア領の首都であるゴアの大司教座の権威を認める教会をマドラスに置くわけにはいかなかった。他方で「ポルトガル人」を引き留めておくためにはカトリック教会が必要だった。そのような事情のあるなか、コーガンはマドラスに独自のカトリック教会を用意することで、「ポルトガル人」をサントメから切り離し定住させることを企図したのである。もちろんカトリック側から見れば、教会体制から外れたこのような教会と神父の存在は問題であった。一六四九年には神父エフライムがサントメで捕らえられ、ゴアの異端審問所に送られるという事件が起こった。しかし、このときイギリス東インド会社では、マドラスのみならずスラトやバンテンの商館員までが尽力して神父の身柄を取り戻した［Guite 2012］。

一七世紀後半、サントメはゴールコンダ王国、オランダ東インド会社、そして新たにインド交易に参入してきたフランス東インド会社によって陸と海の双方からたび重なる襲撃を受けた。さらに、一六五八年にナーガパッティナムの「ポルトガル人」居留地がオランダ東インド会社によって征服された［和田　二〇一五］。これらの事態を受けて、またコロマンデル海岸の他の町からの移住者も加わり、ますます多くの「ポルトガル人」がマドラスに居住するようになった。彼らは外城の中にも外にも住んだが、外城内つまりクリスチャン・タウンに住む富裕な人びとも相当数存在した。一六七三年にマドラスを訪れたイングランド出身のジョン・フライヤーは、当時ここにはイングランド人三百人に対して「ポルトガル人」数千人が住んでいたと伝えている［Fryer 1909］。

一六八八年、マドラス市の行政機関として市長と市参事会が置かれることになった。その最初の市参事会員のうちイギリス東インド会社の勤務者は三人で、フランス人商人が一人、ユダヤ人商人が三人で、「ポルトガル人」商人が二人に現地商人が三人であった。クリスチャン・タウンにあった個人所有の建物一二八軒のうち半数が「ポルトガル人」のものであった［Love 1913; Winius 1994; 重松　一九九三; 羽田　二〇〇七］。なお、同年イギリス東インド会社はインドにいたアルメニア人に対してイングランド出身の商人と同等の権利・地位と彼ら自身の教会の維持を文書で認めており、マドラスではそれ以降、アルメニア人が市参事会員として活動していた［重松　二〇一六］。

ここまで見てきたように、マドラスのクリスチャン・タウンでは一七世紀を通じてさまざまなキリスト教徒が共存しており、とりわけ「ポルトガル人」が住民の多数を占めていた。それは、人口を増加させ必要な人材を確保する、という新興の港町としてのきわめて現実的な理由から彼らの移住を促進しようとしたことが、現地の社会情勢と相まって導いた結果であった。

しかし、イングランド本国の人びとにとってこのようなマドラスの状況は理解しがたいものであった。その最大の理由は、「ポルトガル人」がカトリックであったことにある。一六世紀の宗教改革と対抗宗教改革を経た当時のヨーロッパにおいてキリスト教会は決してひとつではなく、三十年戦争（一六一八～四八年）をはじめ、その宗派の違いから生ずる血で血を洗う戦いは未だに起こっていた。ブリテン諸島においても、宗教は命を懸けるに値するきわめて重要な問題であった。たとえば一般にピューリタン革命の発端となったと言われる主教戦争（第一次：一六三九年、第二次：一六四〇年）の原因は、長老教会の広まっていたスコットランドに対してイングランド国教会の儀式と祈祷書を強制したことにあり、次いで起こったアイルランドの反乱（一六四一年）は、ゲール系カトリック教徒の土地を収奪し、イングランドとスコットランドのプロテスタント入植者に分配したアルスター植民への反発にあったとされる。

おのおのの置かれたこのような社会状況の違いを背景に、マドラス商館の指導部とロンドンの会社幹部との間では、「ポルトガル人」の存在と扱いをめぐって見解の相違が生じていた。その様子は、当時のイギリス東インド会社の通信や会議録などから窺うことができる。ここでは、マドラスとロンドンの立場の違いが示された事例として、一六七六年二月の聖ジョージ要塞における評議会議事録を見てみよう［*Diary and Consultation Book*］。この記録は、インドにおける会社の活動状況を調査監督するため一六七四年に本国から派遣されたウィリアム・パックルが提示した質問と、それに対するマドラス商館側の回答を記したものである。そのうち「ポルトガル人」に関する質問は二つあり、その第一は、クリスチャン・タウンにおける「ポルトガル人」の優遇措置に関するものであった。パックルは、多くのイングランド人がブラック・タウンに家賃を払って住んでいるのに、「これほど多くのポルトガル人とメスティーソがイングリッシュ・タウン【クリスチャン・タウンのこと】に居住を許され、その住居のための家賃も謝礼も払わなくてよいのはなぜか」と問うたのである（【　】内は引用者による補い）。本国から派遣されて来たばかりのパックルにとって、イングランド人よりも「ポルトガル人とメスティーソ」が優遇されているのは不可解な事象と映ったのだろう。さらにパックルは、「ポルトガル人」がマドラスで大きな存在感を示していることについて、「安全あるいは適切なことだろうか」

と懸念を表明している。彼によれば、当時「ポルトガル人」は聖ジョージ要塞の守備兵の約半分を占め、町の住民の半数以上に達し、さらに「数千人が毎週集う教会を今や二つも要塞の近くに持っている」状況だったからである。

商館長ウィリアム・ラングホーン（在任：一六七〇〜七八）以下のマドラス商館側は、これらの問に対して、マドラスの「ポルトガル人」には歴代の商館長らによって招かれた経緯があることを述べ、基本的に「ポルトガル人」を擁護する立場を取っている。「ポルトガル人」が多すぎるのではないか、というパックルの第二の質問に対しても、彼らの中には混血者と多数の改宗者が含まれるので「ひとつの民族《ネイション》で構成されているわけではない」として懸念を払拭しようとした。

W・ラングホーン肖像
［Love, 1913］

このやり取りから、マドラスの「ポルトガル人」はイベリア半島のポルトガル本国の人びとと全く同じ集団ではない、という認識がラングホーンらにはあったこと、他方でパックルは両者を同一のものと捉えていたことが浮き彫りになる。マドラスでは、サントメから来た民間の

「ポルトガル人」とインディア領の活動は別物と考えられていたが、パックルにはそれらを分ける視点がなかった。ロンドンから来たばかりのパックルにとって、多数のポルトガル人＝カトリック教徒は潜在的な敵であり、脅威であると映った。これに対して、「ポルトガル人」の力を必要としていたマドラス商館は、彼らとの共存を図る必要があった。本国からの苦言も、マドラス商館の現実を無視して「ポルトガル人」との関係を絶つほどの力を及ぼすことはできなかった。とはいえ、「ポルトガル人」との関係はその後も会社にとって一種の脅威であると見なされ続けた。その脅威に対する認識がとりわけ顕在化したのが、次に扱うような結婚に関わる場面である。

「ポルトガル人」女性との生活——その子は誰のもの？

一六―一七世紀には、インドをはじめとするアジア各地にやってくるヨーロッパ出身者は基本的に男性であった。ポルトガル王室もオランダ東インド会社も、おのおのの居留地の人口を増加させるために女性を植民させようと目論んだことがあるが、実際に本国から送り込まれて現地での結婚に至った女性の数は限られ、いずれも不首尾に終わっている［Boxer 1975; Coates 1999; 永積　二〇〇〇；Taylor 2009］。イギリス東インド会社も、一六六〇年代後半から七〇年代のボンベイの都市建設の最初期には本国から女性を移送する事業を行ったが、これもうまくいったとは言い難い［水井　二〇一六］。オランダ東インド会社でもイギリス東インド会社でも、比較的高い地位と給与を約束された一部の勤務者のなかには、妻をはじめ女性の家族を連れて赴任する者もいたが、それもごく少数であり、また家族の死亡率も高かった。たとえば、第五代マドラス商館長アーロン・ベイカー（在任：一六五二～五五）はバンテン経由でマドラスへ向かう航海の途上で、本国から同行した妻エリザベスを亡くしている。

しかし、当然のことだが、男性ばかりの集団では社会を長期的に維持していくことはできない。その点で、「男性が女性なしに生きていくことができないことは誰でも知っている」というオランダ東インド会社・東インド総督J・P・クーン（在任：一六一九～二三、二七～二九）の言葉は正しい。本国出身女性の数が限られた初期のマドラスで勤務するイギリス東インド会社の男たちにとって、サントメに――相当数の女性を含む――「ポルトガル人」社会がつくられていたことはこの点でも魅力的であった。

その一方で、「ポルトガル人」との宗派の違いは、イギリス東インド会社にとって、マドラスに定着したごく初期の段階から問題を引き起こし得るものとして懸念されていた。たとえば、一六四二年一月二七日付スーラト商館発の書簡では、聖ジョージ要塞がサントメの「ポルトガル人」に近すぎることへの強い懸念が示されている。しかし、それは何も軍事的な攻撃を恐れたためではない。サントメから女性たちがたびたびやってきて、イングランド人の兵士たちと結婚してしまうため、というのがその理由であった［Foster 1906-27］。とはいえ、実際に本国から来る女性がほとんどいない以上、「ポルトガル人」女性との結婚は、兵士に限らず相対的に地位の高いイギリス東インド会社関係者の間でも見られた現象であった。初期のマドラス商館長のなかにも、コーガンを含め、おそらく妻が「ポルトガル人」だった者は複数いたと伝えられている［Foster 1906-27］。

「ポルトガル人」女性との結婚に関して本国の幹部たちがとくに注視しているのは、このような結婚によって生まれた子どもの宗派の問題である。たとえば、一六七一年二月発マドラス宛ての通信では、以下のように告げられている。「われわれは、イングランド人の子ども、とりわけポルトガル人女性と結婚した者の子どもが、カトリックの信仰により教育され育てられることについて大いに不満であり、認めることができない。ゆえにそのようなことが起こらないよう、とくに注意するよう求めるものである」［Penny 1904］。実際に、すでに一六六〇年にはマドラス初の国教会のチャプレンから、イングランド人男性の家でカトリックの母親から生まれた子どもに神父が洗礼を施しているのは問題だ、という訴えが出されていた［Foster 1906-27; Guite 2012］。

しかし、現実には母親の慣れ親しんだ信仰から子どもを引き離すことはそんなに簡単ではなかった。一六八〇年三月、聖ジョージ要塞の評議会において、プロテスタントとカトリックの夫婦の子どもはプロテスタントの信仰によって養育されること、と定められた。ところが、この規定を受け容れられなかった「ポルトガル人」女性たちは、むしろ正式な婚姻――これもチャプレンの前で誓うものとされた――を結ばずに、イングランド人男性と暮らし、子どもをカトリックとして育てる方を選んだ［Guite 2012］。

一七一九年には、この規定が逆にプロテスタント男性をカトリックに改宗させるという事態をもたらした。この年、イギリス東インド会社に勤務するイングランド人一等航海士の男性が、あるフランス人女性とマドラスで結婚した。この航海士はプロテスタントだったが、イングランド国教会での結婚に際して女性が、カトリックの者は「彼らの子どもをプロテスタントの信仰で養育するという宣誓」に同意しなければならない、という規定に従うことを拒否したことから、航海士は彼女と結婚するために自分がカトリックに改宗する方を選んだのである。結局、この出来事がきっかけとなって、子どもの養育と信仰に関する一六八〇年の決議は廃止されることになった［*Diary and Consultation Book*］。

ここまで見てきたように、マドラスのイングランド人たちにとって身近な存在であった「ポルトガル人」女性との婚姻は、必ずしもイングランド本国の人びとの期待通りにプロテスタントの次世代を生み出すことにはつながらなかった。

このことを受けて、一六八〇年代後半にイギリス東インド会社はプロテスタントの住民を増やすため、マドラス商館に対してある興味深い指示を出していた。一六八七年四月付のロンドン発の書簡によると、それは「聖ジョージ要塞のわれわれの兵士たちと現地女性の結婚」を推奨し、さらにその夫婦の間に子どもが生まれた場合は、その子が洗礼を受けた日に、母親（出自は問わない）に対して若干の金銭を与えるように、というものであった［*Despatches from England*］。ここで「洗礼を受けた日に」と述べていることから、この指示がイングランド人兵士＝プロテスタントとして想定し、その子をプロテスタントとして養育するためのものであることは明らかである。つまり、子どもをプロテスタントとして育てる前提で産んでくれる現地女性との婚姻数を増やすためであれば、会社は金を出してもよい、という意図がここには示されている。

この指示が出された当時、イギリス東インド会社の総裁はジョサイア・チャイルドであった。チャイルドは、国王権力と結びついて東インド会社を専制的に支配した実業家としてよく知られている。そして、彼が多額の献金をしていたその王とは、ピューリタン革命中に大陸に亡命し、カトリックに改宗していたジェームズ二世（在位一六八五～八八年）であった。ジェームズ二世と言えば、即位前に審査法に触れて海軍総司令官の地位から退いた経歴があり、即位後は公然と親カトリック政策を進めて、遂には名誉革命（一六八八年）で位を失った王である。しかし、そのような王と近しいチャイルドの下にあっても、イギリス東インド会社はマドラスの宗派問題を看過していなかった。

一六九六年には、上記の指示に従って実際に子どもを受洗させた兵士たち十名に「祝儀」が支払われたことが知られる［*Diary and Consultation Book*］。この史料では子どもの母親についての記述が一切なく、彼女たちの出自についてはわからない。また、「祝儀」を導入したことによって、実際に現地女性との婚姻が増えたのかどうかは不明である。しかし、イングランド人男性の子をプロテスタントとして養育するためなら、現地女性との婚姻も推奨する、という姿勢が示されていることは興味深い。現地女性の多くが、一見してイングランド人とは「異なる」と認識される外見や習慣や宗教を持っていただろうが、ここではそれらの女性が「ヨーロッパ系」であるかどうかも、キリスト教徒であるか否かも問題にはされていなかったのである（ただし、おそらく結婚に際して女性が受洗することは想定されていたと思われる）。

変化する基準

その一方で、一七世紀末のマドラスでは、「ポルトガル人」を一括りに捉える従来の認識に変化が生じ始めていた。一六九八年、「当地のポルトガル人住民」から、「他のあらゆるキリスト教徒と同じ五パーセントの関税の支払い」で交易活動を行うことを認めてほしいという要請が出されていたのだが、これに対して聖ジョージ要塞の評議会は「ヨーロッパ人」か否かという基準を持ち出してきて対応を決めた。具体的には、「ヨーロッパのポルトガル人と、ヨーロッパ人の両親から生まれた者」の関税は五パーセントでよいが、その他の者は関税に加えて現地のカトリック改宗者と同様の税を負担すること、として税額を差別化したのである［*Diary and Consultation Book*］。

それ以前のマドラスでも、血統によって「ポルトガル人」を分類する混血者《メスティーソ》や純血者《カスティーソ》の言葉はポルトガル語から取り入れられて、たとえば住民の妻の出自を示す言葉などとして使われていたことが知られている。しかし、少なくとも公的には、混血であろうがなかろうが、それまで「ポルトガル人」は一括して外城内に居住権を持つ者として扱われてきた。上述した約二〇年前のラングホーンの見解に示されているように、「ポルトガル人」のなかにさまざまな血筋の人びとがいることは認めながら、それでもなお彼らを一つの集団として扱っていたのである。ところが、ここに至って「ヨーロッパ人」の血統が守られているか否かが課税の条件として、つまり公的な資格に関わる条件として示された。そして、「ヨーロッパ人」の血統が守られていないと認定された者は、「ポルトガル人」であっても現地の改宗者と同じ条件で課税されたのである。

これは、それまでマドラスでは重視されていなかった、血統という宗派以外の基準が「ポルトガル人」という集団を分けるものとして認定されたことを示している。キリスト教徒であり、カトリックであり、混血者を含む集団であるという「ポルトガル人」の属性に対する認識はこの半世紀余りの間に大きく変わってはいなかったにもかかわらず、マドラス商館にとっての彼らの位置づけは揺れ動き、次第に変化しようとしていた。

決定的な変化をもたらす大きな要因となったのは、マドラスの南方に位置するポンディシェリに一六七四年以来定着し、勢力を拡大してきたフランス東インド会社との争いであった。一七四〇年にヨーロッパで生じたオーストリア継承戦争は、ヨーロッパ域内での英仏間の戦争に加えて、遠く離れた南インド・コロマンデル海岸における両国の東インド会社間の戦いにまで飛び火した。そして、一七四六年、フランス東インド会社軍の攻撃を海陸双方から受けて、マドラスは陥落したのである。

一七四八年にオーストリア継承戦争が終結し、英仏の本国間で和平が結ばれると、南インドでの戦いもいったん収束し、マドラスもイギリス東インド会社に返還された。聖ジョージ要塞の評議会が、マドラスの外城内の街区からカトリック住民を追放すると決議したのは、それから間もない一七四九年のことである。和平が結ばれたとはいえ、フランス東インド会社との対立は決定的となっており、その後も英仏の東インド会社の戦いは、対立する現地の政治勢力を巻き込みながら断続的に続くことになる。そのような情勢下において、イギリス東インド会社は、カトリック住民をフランスの潜在的な協力者と見なして警戒した。そして、この一七四九年の決議によって「ポルトガル人」もマドラスの外城内から追放された。もっとも、「ポルトガル人」のなかにはそれ以前から外城外のいわゆるブラック・タウンに住む者も多かったし、他方、パックルが指摘していたように、ブラック・タウンにはイングランド人も多数住んでいた。そのため、このときを境に「ポルトガル人」との関係が断絶したなどというわけではない。本章の冒頭で述べたアルメニア通りのカトリック教会は、この事件の後まもなく建てられたものであり、ここを信仰の拠り所とする「ポルトガル人」はその後もマドラスに住み続けていた。とはいえ、マドラスにおけるイギリス東インド会社と「ポルトガル人」の関係が、このときから新たな段階に入ったことは確かである。

おわりに――「異文化」はどこにあるのか

初代商館長コーガンが上陸した一六四〇年以来、約一世紀の間、マドラスのイギリス東インド会社にとって「ポルトガル人」はさまざまな場面で身近な存在であった。商館や要塞に必要な職務の担い手として「ポルトガル人」男性が働いていたことに加えて、イングランドからやってきた多くの男たちが「ポルトガル人」女性を妻や愛人として私的な時間を共に過ごしていた。「ポルトガル人」は初期のマドラス社会を構成する重要な集団であった。

では、「異文化」とは何か、人間が「異なる」とはどういうことかを考えるうえで、本章で紹介した事例はどのような手がかりを与えてくれるのだろうか。利用した史資料の性質上、本章で見てきたのは、あくまでもイギリス東インド会社の人びとから見た「ポルトガル人」像である。そのことを前提としたうえで、イギリス東インド会社という一つの組織に属する人びとの間でも、「ポルトガル人」に対する認識は、決して一様ではなかったことをまず指摘しておきたい。

人が他の人びとを集団として自分たちとは「異なる」存在として認識するとき、最も大きな影響を与えているのは、実のところ、現実にその集団との間にどのような関係性があるか、ということである。初期のマドラスにおいて、「ポルトガル人」は要塞と町の発展と維持のために必要な人びとであった。マドラス商館は、彼らとの友好関係を維持し、彼らをこの町に定住させることをまず優先した。住居や税の面で「ポルトガル人」を優遇し、彼らのために神父を住まわせ、教会建設の便宜も図った。マドラス商館の人びとにとって、「ポルトガル人」は「異なる」存在ではあったが、敵ではなかった。敵にするわけにはいかない集団だった。日々の接触は、マドラス商館の人びとに「ポルトガル人」が実際にどのような人びとによって構成されているかを知る機会を与えた。その結果、同じ〝ポルトガル人〟という言葉で呼ばれてはいても、マドラス商館の人びとにとって、サントメなどから来た民間の「ポルトガル人」は、ポルトガル本国やインディア領のポルトガル人とは微妙に違う――つまり完全に同一というわけではない――集団として認識された。

ところが、そのような現実の必要性と、必要性に裏打ちされた関係性を共有していなかった本国の人びとは、「ポルトガル人」をその字義通り、ポルトガル本国と直結したイメージで捉えた。さらに、イングランド本国における宗派をめぐる歴史的経験が影響して、カトリックである「ポルトガル人」はそれゆえに潜在的な敵として認識された。その結果、マドラスの「ポルトガル人」と直に邂逅する機会を持たなかったロンドンのイギリス東インド会社幹部の人びとは、実態を知らないままに「ポルトガル人」を警戒し、彼らに対する不信を示し続けた。

「ポルトガル人」女性との関係は、さらに複雑であった。イギリス東インド会社は十分な数の女性を本国から送り込めなかったが、現にマドラスに駐在している男たちが身近にいる女性たちと関係を持たずにいることは難しかった。会社は、マドラスの「ポルトガル人」女性をプロテスタント社会に取り込み、次世代の「正しい」イングランド人を育てようと試みたが、その目論見は必ずしも奏功しなかった。プロテスタント男性と生活を共にしても自分はカトリックであり続け、子どももカトリックとして育てようとする女性たちがいたからである。そのような「ポルトガル人」女性と結婚した男性にとっては、私生活において最も身近な妻子が、自身の勤務する会社の視点から見れば「異なる」集団の一員であり、「他者」と位置づけられる、というねじれをもたらしていた。しかも、その状況は、会社の勤務者の間でも、たとえば独身者やイングランド人の妻を持つ人びととは共有されなかった。さらに言えば、イングランド生まれであるがカトリックとして育ち、そのことを後で会社に知られた勤務者のなかには、それまでの職を解かれ、「ポルトガル人」と同じ条件で雇われることになった者もいたのである。

私たちは、自分の慣れ親しんだ思想や習慣を共有しない人びとに出会ったとき、往々にしてそこに自分たちとは「異なる」集団や文化が在る、と考えがちである。しかし、「異文化」の枠組みは絶対的な基準によるものではない。本章でとりあげた「ポルトガル人」たちのように、たとえ同じ言葉で呼ばれていても、その人たちと自分との距離をどのように捉えるかは人によって異なり、どのような枠組みで人びとをひとつの集団と捉えるかも変わり得るのである。その意味では、「異文化」は実体として在るものではない。むしろ、そのような枠組みが存在するという〝認識〟が「異文化」を可視化させると言える。

本章では、イギリス東インド会社史料を通して、さまざまな会社関係者を〝認識〟の主体として可視化された「異なる」人びととしての「ポルトガル人」の姿を見てきた。このように他者を集団として捉え、そこに「異文化」を見出すことは、不断に変わり続ける未完の作業であり、その作業が行われなくなったときに、その「異文化」は見えなくなる。オーストリア継承戦争の終結後、ヨーロッパでは兵士をより獲得しやすくなり、イギリス東インド会社も大陸出身のプロテスタント兵士をマドラスに送ることができるようになった［*Despatches from England*］。新たな人びとがマドラスでの生活に加わる一方で、イギリス東インド会社にとって「ポルトガル人」の重要性は相対的に減じていく。「ポルトガル人」がそれまでのようなマドラスにおける必要な他者としての位置づけを失うにつれ、彼らに対するイギリス東インド会社の関心も薄れていった。そして、やがて「ポルトガル人」の姿は拡大を続ける都市マドラスの雑踏のなかに紛れ込んでいったのである。

注

（1）本章でここまでマドラスの「商館長」と訳してきた語は、エージェント（agent）〔その管轄下に位置づけられるのがエイジェンシー（agency）〕である。ベイカーに関しては、コーガンに始まるマドラス商館のトップとしての地位を受け継いだという意味で、第五代商館長と記すが、実際にはベイカーの赴任時にマドラスは独立したプレジデンシー（presidency）とされており、ベイカーの正式な職名はマドラスの初代プレジデント（president）である。なお、エリザベス・ベイカーの墓石は、聖ジョージ要塞に隣接する聖メアリー教会（イングランド国教会）の墓地に今もある。

（2）この南インドにおける英仏間の一連の戦争は、まとめてカーナティック戦争（一七四〇〜六一）と称される。

参考文献

生田滋「インド洋貿易圏におけるポルトガルの活動とその影響」生田滋・岡倉登志編『ヨーロッパ世界の拡張——東西交易から植民地支配へ——』世界思想社、二〇〇一。

指昭博「信仰と服従のはざまで——近世カトリック教徒の生活」（川北稔・指昭博編『周縁からのまなざし　もうひとつのイギリス近代』山川出版社、二〇〇〇。

重松伸司『マドラス物語——海道のインド文化誌』中公新書、一九九三。

重松伸司「一七〜一八世紀初頭のインドにおけるアルメニア商人とイギリス東インド会社」守川知子編『移動と交流の近世アジア史』北海道大学出版会、二〇一六。

永積昭『オランダ東インド会社』講談社、二〇〇〇。

羽田正『東インド会社とアジアの海（興亡の世界史15）』講談社、二〇〇七。

水井万里子「イギリス東インド会社の初期インド植民都市建設と女性」『女性から描く世界史——一七～二〇世紀への新しいアプローチ』勉誠出版、二〇一六。

和田郁子「ナーガパッティナムの２つの「町」——オランダ東インド会社関連史料を中心に——」『西南アジア研究』八三号、二〇一五。

Boxer, C. R., *Mary and Misogyny: Women in Iberian Expansion Overseas, 1415-1815, Some Facts, Fancies, and Personalities*, London: Duckworth, 1975.

Coates, T., "State-Sponsored Female Colonization in the Estado da Índia, ca. 1550-1750," in Sanjay Subrahmanyam ed., *Sinners and Saints: The Successors of Vasco da Gama,* New Delhi: Oxford University Press, 1999.

Foster, W. (ed.), *The English Factories in India, 1618-1669*, 13 vols., Oxford: The Clarendon Press, 1906-27.

Fryer, J., *A New Account of East India and Persia. Being Nine Years' Travels, 1672-1681*, William Crooke, ed., 3 vols., London: Hakluyt Society, 1909 (repr. New Delhi: Asian Educational Services, 1992).

Guite, J., "The English Company and the Catholics of Madras, in the Age of Religious Conflicts in England, 1640-1750," *Studies in History* 28, 2012.

Love, H. D., *Vestiges of Old Madras*, 4 vols., London: John Murray, 1913.

Newitt, M. *A History of Portuguese Overseas Expansion, 1400-1668,* London and New York: Routledge, 2005.

Nightingale, C. H., *Segregation: A Global History of Divided Cities,* Chicago and London: The University of Chicago Press, 2012.

Penny, F., *The Church in Madras,* London: John Murray, 1904.

Records of Fort St. George, Diary and Consultation Book, 1672-1760, Madras: The Superintendent Government Press, 1910-1953.

Records of Fort St. George, Despaches from England, Madras: The Superintendent Government Press, 1911-1970.

Stephen, S. J., *The Coromandel Coast and its Hinterland: Economy, Society and Political System* (*A.D. 1500-1600*),

Delhi: Manohar, 1997.

Subarhmanyam, S., *The Portuguese Empire in Asia: A Political and Economic History*, Chichester: Wiley-Blackwell, 2012.

Subrahmanyam, S., *Improvising Empire: Portuguese Trade and Settlement in the Bay of Bengal, 1500-1700*, Delhi: Oxford University Press, 1990.

Taylor, J. G., *The Social World of Batavia: Europeans and Eurasians in Colonial Indonesia,* 2nd edition, Madison: The University of Wisconsin Press, 2009.

Winius, G. D., "A Tale of Two Coromandel Towns: Madraspatam (Fort St. George) and Saõ Thomé de Meliapur," *Itinerario* 18, 1994.

おわりに

ここまでの各章では、邂逅をキーワードに、さまざまな人びとの出会いから生じた出来事や社会の有様について検討してきた。本書を締めくくるにあたり、それらを踏まえたうえで、「異なる」人びとを見る視点と認識の問題について、改めて考えてみたい。

他者との出会いは、人が日々さまざまなところで経験する現象である。出会いから生ずる変化を伴う邂逅は、その過程で、出会った両者に継続的な影響を与え、相互の関係性を変えていく。その経験を通じて、相手に対する認識も変化する。たとえ同じ人びとと出会ったとしても、彼らがいつでも誰の目にも同じように映るとは限らない。第1章で紹介した、山口淑子をめぐる多彩なスター・ペルソナは、このことを示す好例と言えよう。どのように出会い、どのような関係性をもつのか、相手が自分に対してどのような姿を見せるのかなどの違いによって、相手の見え方や、相手に対する認識は違うものになる可能性がある。さらに、その視点や認識は、両者を取り巻く環境や相互の関係性などが移ろうにつれて変化し得る。「異なる」ものとして位置づけられた対象に向き合い、「異文化」の捉え方について考える際に、このような視点は重要である。

過去の人が遺した史料であれ、現代の研究者によるフィールド調査の報告であれ、あるいは新聞記者が書いた記事であれ、「異なる」ものと位置づけられた対象に関する記録というものは、とどのつまり、それぞれの記録者自身による、その時点での見方と理解に基づいている。資史料をよみとくにあたっては、このことを十分に認識しておく必要がある。「異文化接触」が語られるとき、「異文化」の存在をそこに見ているのは誰なのだろうか。記録者にとって、その対象が「異なる」ように見える理由はいったい何なのだろうか。誰が、どういう視点からその対象を捉えているのか、ということに留意しながら、可能な限り資史料そのものの文脈に沿う形で解釈することは、資史料と向き合うにあたっての基本だが、ともすればおろそかにされてしまっていることでもある。

未知のものに出あったとき、人はそれを既知の何かと結びつけて理解しようとするようである。第5章で扱った、イングランド本国の東インド会社幹部による「ポルトガル人」の捉え方は、そのような傾向を端的に示す事例であろう。彼らは南インド・マドラスの「ポルトガル人」を、イベリア半島のポルトガル王国やヨーロッパのカトリックと同一視していた。実のところ、私たち自身もまた、他者との出会いに際して、既知の言葉や概念に頼ってしまうことが多い。確かに、それらの言葉は、未知のものを把握しやすくするという側面ももっている。第4章で紹介した雲南系ムスリムの場合で言うなら、仮に「タイ北部に住む、タイ人とは異なる人びとの存在」を知らされたとしても、それだけでは漠然としすぎていて一体どのような人びとなのか思い浮かべることは困難だろう。しかし、その人々が「雲南系」の「ムスリム」だと説明されれば、少なくともその集団の地理的な出自と宗教的背景については理解可能になったように思えなくもない。また、未知のものに対する認識の第一段階としては、このような理解でもいいのかもしれない。とはいえ、他方では、「雲南系」と「ムスリム」という二つの言葉の組み合わせだけでこの集団を捉えてしまうと、その二つの要素に該当しなかったり、それらの要素を重視していなかったりする人が、彼らのなかに少なからず含まれている、という事実を見過してしまうおそれがある。主に経済的な理由から結婚し、おそらく個人的にはイスラームの規範が重要な意味を持っていないと推測される――本文の表現によれば「文化宗教的資本が脆弱」な――カレン族の女性などはその一例であろう。

既知の言葉や概念がつくる認識の枠組みは、未知のものに対する理解をある程度は助けてくれるが、その一方で、それらの言葉や概念だけでは捉えがたい、誰か／何かをふるい落とす一種のフィルターともなり得る。このことを踏まえると、資史料にあらわれる人びとやものごとを、安易に抽象的な言葉や概念と結びつけ、それだけに頼って分類するのは避けるべきであろう。ここまで「異なる」や「異文化」などの言葉にカッコを付して記述してきたのは、このような立場から、これらの言葉を用いるにあたって慎重かつ自覚的でありたいと考えるためである。

それぞれの対象が備える多様な属性を切り捨てず、つねに留保をつけておく視点は、フィルターによってふるい落とされかねない誰か／何かを可視化するのみならず、既知の認識の枠組みそのものを相対化する見方にもつながる。既知の言葉や概念に基づく認識の枠組みは、何らかの経緯があって形作られ、広められてきたものである。今日の社会において〝常識〟として行きわたっているように見える枠組みもまた、やはり歴史的に形成されてきたものであり、決して絶対的なものではない。個人の経験する邂逅が、出会った他者に対する視点と認識を変えていくのと同じように、社会における他者認識も、歴史のなかで変容し得るものである。

邂逅は、出会った両者に影響を及ぼし、相互の関係性を変えていく。その過程で接する、それまでなじみの薄かったものや新しい考え方のなかには、容易に受け入れがたいものもあるかもしれない。他者との間の移ろう境界に不安を覚え、変化に抗おうとする人びともいるだろう。しかし、それらもまた、出会いが引き金となって生ずるものであり、邂逅のもたらす変化の一部であると捉えられる。さまざまな邂逅を経て変わっていくものは、私たち自身の、他者を見る視点であり、世界に対する認識である。そして、その先には新しい自分との出会いがある。そこから始まるもうひとつの邂逅が、私たちにまた新たな世界を見せてくれるにちがいない。


（和田郁子・小石かつら）

あとがき

　本書の構想は、専門分野の異なる研究者の自由な議論から生まれた。発端は、当時いずれも京都大学白眉センターに所属していた王、コーツ、小石、和田の四名が、二〇一五年度に一回生向け少人数ゼミ（通称「ポケゼミ」）を共同で企画・担当したことである。準備段階の打ち合わせに始まり、ゼミが終了する七月後半までの間、毎週火曜日に四人でもった会合は、いつしか小さな研究会の様相を呈するようになった。ゼミの前後に行われた議論は、互いの分野のアプローチに対する素朴な疑問から、個別の研究の進展にも寄与し得る鋭い指摘にまでいたり、毎回、忌憚のない意見が活発に交換される濃密なものであった。ときには、本書のコラム執筆者である置田、中西の両名もその場に居合わせ、飛び入りで議論に参加することもあった。

　そのような時間を共有するうちに、この研究会をより学術的なかたちで共同研究として発展させようという方向で意見がまとまり、第三回白眉シンポジウム「邂逅の作用反作用――歴史・芸術・フィールドの視角から」を開催する運びとなった（二〇一六年一月二五日、京都大学芝蘭会館）。シンポジウムの開催にあたって、さらに議論を深め、共同研究としてより意義あるものにするために、新たに加わっていただいたのが、長崎大学の鈴木英明氏である。本書の各章の執筆は、このシンポジウムの報告者が担当した。

　出版の直接的な契機となった上述のシンポジウムは、京都大学白眉センターの主催によって行われた。同センターは、二〇〇九年から実施されている、京都大学次世代研究者育成支援事業「白眉プロジェクト」に基づき設置された組織である。二〇一七年二月現在まで、毎年、あらゆる学問分野を対象にした国際公募を行い、採用した若手研究者が主体的に研究を行うための支援を行っている。本書の出版にあたっても、白眉センターからの出版助成金を受けることができた。ここに記して謝意を表明するとともに、同センターの今後のさらなる発展を祈念したい。

　また、本書の刊行にいたるまでさまざまなご支援をいただいた、白眉センターのセンター長・光山正雄先生ならびにプログラムマネージャー・堀智孝先生に対し、執筆者一同を代表して深甚の感謝を表する。

　最後に、編集担当の昭和堂・鈴木了市氏には、本書の計画段階から多大なご助力をいただいた。本書を世に送り出すことができるのも鈴木氏のご尽力があってこそであり、心より感謝申し上げる次第である。

二〇一七年二月

編者として
和田郁子・小石かつら

主要業績として、*Abolition as a Global Experience*（編著、NUS Press, 2016）、「インド洋―海から新しい世界史は語りうるのか」羽田正編『地域史と世界史』（ミネルヴァ書房、2016年）、「世界商品クローヴがもたらしたもの―19世紀ザンジバル島の商業・食料・人口移動」石川博樹・小松かおり・藤本武編『食と農のアフリカ史―現代の基層に迫る』（昭和堂、2016年）などがある。

王柳蘭（おう りゅうらん）

同志社大学グローバル地域文化学部准教授。専門は文化人類学。東・東南アジアの越境・宗教と民族間関係の諸問題について中国系ディアスポラを軸に取り組んでいる。

主要業績として、『越境を生きる雲南系ムスリム―北タイにおける共生とネットワーク』（昭和堂、2011年）、「食と宗教―北タイに生きる中国系ムスリム」谷川竜一・原正一郎・林行夫・柳澤雅之編『衝突と変奏のジャスティス』（青弓社、2016年）などがある。

中西竜也（なかにし たつや）

京都大学人文科学研究所准教授。専門は中国イスラーム史。中国ムスリムが、中国社会におけるマイノリティとしての生存を賭して、イスラームの理念を中国の現実にいかに適応させてきたかに関心がある。

主要業績として、『中華と対話するイスラーム――17-19世紀中国ムスリムの思想的営為』（京都大学学術出版会、2013年）、「近代中国ムスリムのイスラーム法解釈――非ムスリムとの共生をめぐって」『東洋史研究』第74巻第4号（2016年）などがある。

和田　郁子＊（わだ　いくこ）

岡山大学大学院社会文化科学研究科助教。専門は南アジア史・インド洋海域史。南インドを主なフィールドとして、港町をめぐる多様な人々の移動や、それに伴って形成されたコスモポリタンな社会の諸相について陸と海の連関の視点から研究している。

主要業績として、「インド・ゴールコンダ王国の港市マスリパトナム」歴史学研究会編『港町に生きる』（青木書店、2006年）、“Diamond Trade by the Dutch East India Company in Seventeenth-Century India.,” In Nagazumi Yoko (ed.), *Large and Broad: The Dutch Impact on Early Modern Asia. Essays in Honor of Leonard Blussé*, Toyo Bunko, 2010、「「境界」を考える―前近代インド社会における婚姻と集団意識」水井万里子ほか編『女性から描く世界史―17～20世紀への新しいアプローチ』（勉誠出版、2016年）などがある。

◆執筆者紹介（執筆順、＊印は編者）

ジェニファー・コーツ

京都大学白眉センター特定助教。専門は日本映画史。映像人類学の手法に基づくフィールドワークで得た知見を用いて、戦後（主に1970年代まで）の日本映画をめぐる観客の記憶の分析に取り組んでいる。

主要業績として *Making Icons: Repetition and the Female Image in Japanese Cinema, 1945-1964*, Hong Kong University Press, 2016. ; “The Fragmented Family on Film; Kinoshita Keisuke’s Nihon no Higeki and the Antecedents of the Contemporary Fragmented Family in Japan” *Intersections: Gender and Sexuality in Asia and the Pacific*, 40, 2017; “The Shape-Shifting Diva: Yamaguchi Yoshiko and the National Body” *Journal of Japanese and Korean Cinema*, 5:2, 2014 などがある。

小石かつら＊（こいし かつら）

京都大学白眉センター特定助教。専門は19世紀西洋音楽史。F. メンデルスゾーンの音楽活動を中心に、近代的なオーケストラ演奏会の成立と変遷の解明に取り組んでいる。

主要業績として、『ギャンブラー・モーツァルト』（共訳書、春秋社、2013年）、「オーケストラ演奏会のプログラム構成における「二つのモデル」への集約過程——ライプツィヒ・ゲヴァントハウス管弦楽団の演奏会記録（1781-1847）を検証する」『阪大音楽学報』第14号（2016年）などがある。

置田清和（おきた きよかず）

京都大学白眉センター特定助教。専門は南アジア近世における文学史、宗教思想史。研究ではサンスクリット語、ベンガル語文献を扱う。

主な業績に *Hindu Theology in Early Modern South Asia*, Oxford University Press, 2014, ; “Quotation, Quarrel, and Controversy in Early Modern South Asia: Appayya Dīkṣita and Jīva Gosvāmī on Madhva’s Untraceable Citation.” In Elisa Freschi and Philipp A. Maas Ed. *Adaptive Reuse*: *Aspects of Creativity in South Asian Cultural History*, Harrassowitz, 2017 などがある。

鈴木英明（すずき ひであき）

長崎大学多文化社会学部准教授。インド洋海域世界史、世界史が専門。各地の文書館に所蔵される文献やフィールドワークで得た知見を用いて、奴隷交易、奴隷制、奴隷制廃止、インド系商人ネットワーク、海賊、中世アラビア語文献に見える地理知識などに関する問題に取り組んでいる。

他者との邂逅は何をもたらすのか――「異文化接触」を再考する

2017年3月31日　初版第1刷発行

編　者　和田　郁子
　　　　小石かつら

発行者　杉 田 啓 三

〒606-8224　京都市左京区北白川京大農学部前
発行所　株式会社　昭和堂
振替口座　01060-5-9347
TEL（075）706-8818/FAX（075）706-8878

©2017　和田郁子・小石かつらほか

印刷　亜細亜印刷

ISBN978-4-8122-1627-9

＊落丁本・乱丁本はお取り替えいたします
Printed in Japan

本書のコピー、スキャン、デジタル化等の無断複製は著作権法上での例外を除き禁じられています。本書を代行業者等の第三者に依頼してスキャンやデジタル化することは、例え個人や家庭内での利用でも著作権法違反です

黒人ハイスクールの歴史社会学 アフリカ系アメリカ人の闘い 1940-1980

J・L・ルーリー／S・A・ヒル 著　倉石一郎・久原みな子・末木淳子 訳
本体 3500 円＋税

黒人のハイスクール卒業率向上にむけた闘いとは、不公正への抗いであり、後の世代の道を切り開く手段であり、新たな問題の火種となった——。この闘いとその背後にある差別、地域、家族などの社会背景を、オーラル・ヒストリーを縦糸に、計量社会学的分析を横糸にして描き出す。

グローバル化と文化の境界 多様性をマネジメントするヨーロッパの挑戦

竹中克行 編著　本体 3300 円＋税

グローバル化の進む現代、ボーダーレス化も広がる一方で、国益の主張の高まりや世界各地に広がる「外国人街」など、境界の鮮明化や新たな境界が生まれている。そのなかでヨーロッパはEUやユーロという壮大な実験を試みた。そこから学ぶべきものとは。

アルプス文化史 越境・交流・生成

踊　共二 編　本体 2700 円＋税

アルプスは古来より多くの民族・言語・文化が行き交い、時には新しいものが生成されまた内外へと広がっていった。アルプスを軸として交流するヨーロッパ諸地域——スイス・イタリア・フランス・ドイツ——とアルプス独自の事象を描き出す。

グローバル支援の人類学 変貌するNGO・市民活動の現場から

信田敏宏・白川千尋・宇田川妙子 編　本体 9500 円＋税

グローバル支援とは環境や人権など普遍的でグローバルな価値や課題に基づき人々のエンパワーメントをめざす支援活動である。本書では、グローバル支援の行われるNGO・市民活動の現場における問題を、人類学のミクロな視点を活かして解明する。

「学校化」に向かう南アジア 教育と社会変容

押川文子・南出和余 編著　本体 6300 円

グローバル化の進展とともに、インドをはじめとする南アジア諸国も急激な発展と変貌を遂げている。日本ではわかりにくいその変化を、教育という視点から読み解き、南アジア社会の実相に迫る。

昭和堂刊

昭和堂のHPはhttp://www.showado-kyoto.jp/です。

1
COLUMN 3
COLUMN 2
1
2
3
3
4
5
3